苏华萍 ◎ 著

未来学校建设的
传承 与 创新

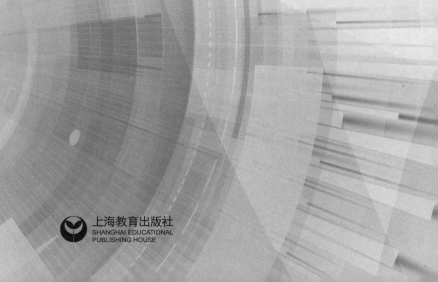

上海教育出版社
SHANGHAI EDUCATIONAL
PUBLISHING HOUSE

序　言

在教育的沃土上播种希望

教育，是点亮未来的火种，是塑造文明的基石。在新一轮的教育改革浪潮中，上海市宝山区实验小学基于"传承·创新"的实践，找到未来学校建设的方向，交出了一份厚重而富有启迪的答卷。作为上海市科技馆馆长，我虽身处科技与人文交汇的领域，却始终关注教育的革新与突破。本书以宝山区实验小学为蓝本，将百年底蕴与现代教育理念交融，对未来学校的探索作了深度的思考并进行了生动的实践，让我倍感振奋。

一、传承：文化之根，未来之林

上海市宝山区实验小学的百年校史，是一部教育智慧的沉淀史，更是一部与时俱进的创新史。苏华萍校长以百年校训"诚敬勤朴"为指引，将"SYXX"（爱实干、懂实验、敢创新、能自信）精神注入学校发展的血脉，既守住了教育的文化根基，又赋予了其时代新义。"宝小九景"育人环境的打造，校刊《实干家》对师者使命的传承，都体现了学校在历史积淀中寻找创新动能的智慧。这种"守正出新"的实践，恰是当代教育亟需的品格——唯有深植传统，方能枝繁叶茂；唯有拥抱变革，方能生生不息。

二、创新：科技赋能，重塑生态

在数字化浪潮席卷全球的今天，教育正经历前所未有的转型。书中对"现代学校 3.0"作出如下构想：以"绿色地球村"为主题的智慧同侪课程，打破学科壁垒，借助 ClassIn、未来宝等技术平台，实现跨地域的协同学习；数据驱动的管理决策，让教育从经验导向迈向精准科学；倡导回归"野性"的理念，尊重学生的天性，让学生在自由探索中激发创造力。这些构想不仅回应了"如何培养未来人才"的命题，更展现了科技与教育深度融合的无限可能。作为科技馆馆长，我深知技术的力量在于"为人所用"，而宝山实验小学的探索，正是在诠释——技术不是冰冷的工具，而是点亮思维、连接世界的桥梁。

三、使命：师者之光，前行之路

校长是学校的灵魂，教师是教育的脊梁。苏校长在书中生动诠释了"掌舵者"与"奠基者"的双重角色：以"双培养"机制，将党员锻造为教学骨干，让党建引领教育实践；采取沙龙研修、项目化协作，激发教师的专业成长与创新活力。这些举措背后，是对"以人为本"管理哲学的践行——唯有激发教师的内生动力，才能让学校真正成为师生共同成长的沃土。书中翔实的案例与策略，既为校长提供了治校的"工具箱"，也为教育者注入了坚守初心的信念感。

四、未来：教育无界，行者无疆

本书不仅是一部办学治校的指南，更是一幅未来教育的全景图。不管是课程重构的"分层教学"，管理驱动的"扁平化模式"，"绿色地球村"的跨学科实践，还是"宝小讲堂"的阅读文化，上海市宝山区实验小学的每一步探索，都在回答一个根本问题：教育如何为未知的未来做好准备？苏校长以务实的笔触，剖析教育资源竞争、技术迭代等现状，更以开阔的视野勾勒出"国际人才""社会服务"等发展蓝图。这种理想与现实的平衡，恰是教育者最珍贵的品质——既仰望星空，又脚踏实地。

　　教育是一场没有终点的远征，需要勇气破局，更需要智慧传承。苏华萍校长以其深厚的教育情怀、前瞻的视野和扎实的实践，为这场远征注入了新动能。本书既是宝山区实验小学的成长记录，也是中国基础教育改革的缩影。愿每一位翻开此书的读者，都能从中汲取力量与灵感，在教育的沃土上播种希望。

　　未来已来，唯教育永恒。

上海市科技馆馆长

2025 年 3 月

自　序

我当校长的 26 个问题与 14 个角色

2020 年 3 月，我正式被任命为上海市宝山区实验小学这所百年老校的第 32 任校长。因为上海市宝山区实验小学的品牌地位，我刚成为校长就加入了区首届卓越校长班，并被推荐参加上海市青年校长论坛，非常幸运地认识了很多资深优秀的校长前辈，汲取了先进的治校理念。我与全体行政班子、教职员工共同奋斗，在热爱的教育领域不断追求卓越。

斗转星移，时光荏苒。如今，我校已有一校五部，集团校共有教学班 88 个，学生 4300 名左右，在编教师 266 名。学校规模大、声誉大、影响大，校长的压力自然也大。但这于我是幸福的烦恼。

面对教育领域前所未有的机遇与挑战、学校传承创新的使命与担当，我反复翻看案头的《义务教育课程标准（2022 年版）》，中共中央、国务院印发的《教育强国建设规划纲要（2024—2035 年）》，中共中央办公厅印发的《关于建立中小学校党组织领导的校长负责制的意见（试行）》，并不断思考：校长的岗位职责与校长的角色定位分别是什么？

我认识到，在全球化、信息化飞速发展的当下，科技为教育带来了新的手段和资源，如何坚持五育融合的教育改革方向，如何实现减负增效的课程改革目标，是校长必须直面的理念和使命。

我在工作实践中不断提出问题、思考问题、认识问题、解决问题。循着自己探究前行的脚印，也写下一些思考文字。但如何把自己的心得体会集中全面地与校长同道一起切磋和分享呢？经过反复琢磨，我决定

1

用自问自答 26 个"必答题"的形式，贯穿"理念引航、发展定位、课程重构、师资赋能、管理驱动、未来启幕"6 章，解读校长应该担当的 14 个角色。最终形成了这本专著，其意义和价值在于把我自己的工作、学习、实践、探究、成果作全面系统地梳理与总结。这是我这些年对"未来学校建设的传承与创新"这一课题的思考、实践和认识，也是交给自己的一份答卷。

本书附件一是我校 2020 年至 2025 年获奖一览，这是我和全校师生共同努力取得的成果；附件二收录的相关文章，是我代表全校师生在相关论坛的主题发言、教育杂志的采访报道、电视新闻栏目访谈和四期校刊的卷首语，是我作为校长代表全校教师讲述的共同经历和共同感受。仅凭校长单枪匹马、冥思苦想、纸上谈兵是办不好一所学校的。换言之，学校的"万紫千红"，是要靠全校教师同心同德、群策群力、共同耕耘的。每一个奖项都是全校师生共同前行的足迹。

教育是一场砥砺前行的探索之旅。愿我们以教育家精神为指引，以无畏的勇气和坚定的信念驾驭时代的浪潮，引领学校在教育的海洋中破浪前行。让我们携手共进，共同为培养具有创新思维、国际视野、社会责任感的新时代人才而努力奋斗，为教育事业的蓬勃发展贡献自己的力量。

上海市宝山区实验小学校长

2025 年 3 月

目录 ▶

第一章

理念引航——绘制未来学校建设蓝图

1. 作为校长，如何兼顾日常管理与教育创新，切实为学生的未来奠基并推动教育进步？

2. 如何敏锐地捕捉教育趋势，引领学校适应变化，培养符合未来需求的人才？

3. 未来学校的理念有哪些时代内涵？

4. 理念引领下，未来学校的发展愿景及具体规划有哪些？

第一节　定位领航：未来学校理念的引领者

当下，教育正在剧烈转型和快速进步。校长作为学校的领头人，其角色尤为关键。作为学校日常运营的协调者，以及创新教育理念的推广者和变革的先行者，校长为学校的发展指引方向，注入活力，并推进学校教育革新、构建创新教育环境，承担着促进学生全面成长、提高教学品质、继承和创新学校文化等多重任务，是未来教育的建设者和推动者。

一、教育变革的角色定位

校长既要协调日常管理，又要推广创新教育理念和推进改革，同时要为学校的发展确立目标和方向。

（一）管理组织者

作为管理组织者，校长需要具备高超的管理能力和组织协调能力，以确保学校各项工作有序、高效地运行。

1. 建立高效的管理体系

学校运作的骨架即管理体系，其合理性和科学性直接影响学校运作的效率和效果。身为校长，我不断努力打造一个高效、透明且具有弹性的管理体系，确保各部门职责明确、沟通畅通；精心设计一系列详尽的规章制度和工作流程，为学校日常运作提供了坚实的制度支持。这些制度规范了教师的教学和学生的学习生活，保证教育教学活动顺利进行，还大幅提高了管理效率，为学校的持续发展打下坚实的基础。

就实际操作而言，校长应特别重视制度的详尽性与可执行性。以教学管理为例，上海市宝山区实验小学（以下简称"宝山区实验小学"）制订了周密的教学规划、课程方案及教师评估准则，保证教学活动的标准化及其成效。至于学生管理，我校构建了学生行为守则、安全教育和心理健康辅导体系，全面关照学生的成长需求。

2. 优化资源配置

资源是学校持续稳定发展的关键支持和根本保障。但现实资源是有限的。如何实现资源利用和效益的最大化，是每位校长必须深思并积极解决的重大课题。在担任宝山区实验小学校长期间，我始终将合理配置和高效使用资源放在首位，并进行精心规划和细致管理，确保每一分资金都用在实处，每一寸土地都得到最佳利用，每一位教师都能够发挥出最大的教学能力和专业价值。因此，在资源受限的情况下，我校还是最大限度地提高了学校的教育教学质量及整体办学水平。

资金分配遵循"精心计算、用在关键处"的准则，保证关键项目的资金得到充分保障，同时防止资源浪费。采购设备时兼顾实用性和未来视角，确保所购设备既满足现今的需求，又能跟上未来发展的步伐。人力资源配置以教师的专业技能和教学需要为依据进行恰当安排，以确保教师团队高效运作。

线上教学遇到困难时，我直接参与制订线上教学方案，并安排技术团队为教师提供必要的技术支持，如借助 ClassIn 等数字化教学平台增强教学的互动与趣味，确保学生在家也能接受优质的教育。

3. 提升管理效能

提升管理效能是实现学校高效管理的关键，始终是学校管理工作的核心。在当前科技迅猛发展的背景下，积极引入并应用先进的管理工具和技术是提升管理效能行之有效的手段，如借助信息化管理系统实现对学生信息的精准化管理和实时动态监控，确保数据准确且有时效；深度应用大数据技术全面分析学生的学习成绩、行为表现等多维度数据，为教育教学工作提供科学的决策依据，有力推动学校管理水平的整体提升。

我特别重视将精细管理与人文关怀相结合。在精细管理方面，我校建立了全面的教学质量监控系统，定期对教师的教学活动和学生的学习成效进行评估与分析；在人文关怀方面，我校重视教师的身心健康及工作与生活的平衡，为教师打造优良的工作氛围和发展机会。

（二）理念倡导者

作为校园日常管理的中心领导者和组织者，校长扮演着学校发展方向引领者的角色，是推广和倡导创新教育理念的关键人物。校长承担着让创新教育思想进入并扎根校园的职责，应具备强烈的责任感和使命感，积极传播经过实践检验、具有前瞻性的先进教育理念，确保这些理念在校园内得到广泛接受和深入贯彻；需努力营造一个充满创新精神和探索活力的教育环境，鼓励师生勇于尝试新方法、新思路，持续激发教育创新的内在动力。为了培养更多适应未来社会需求的优秀人才，校长还应致力于推动学校教育在质量、效益和影响力等方面实现持续、健康、有序的发展。

1. 传播先进教育理念

传播先进教育理念是校长引领学校教育发展的关键任务。随着教育迅速进步，众多新的教育观念涌现。例如，素质教育着重于提高学生的全方位能力，不仅仅局限于知识的掌握，还涵盖品德、技能及创新思维等多方面的培养。因此，我校积极倡导素质教育，力求增强学生的整体素质和创新潜力。

我认为教育不只是传授知识，还包括塑造品德和培养能力。为了给学生广泛的学习体验和广阔的发展空间，我校致力于学生德智体美劳的全面进步，提供种类繁多的选修和活动课程。同时，我也很重视采纳和推广新教学方式，如同伴教学、基于问题的学习（problem-basedlearning，PBL）等创新教学方法，使学生能在实践中学习和进步。这些新教学方法的使用让学生的学习体验更加丰富，也提升了他们的学习热情和创新才能。

我校定期组织教师参加教育研讨会和培训课程，传播先进的教育理念；邀请专家学者来校讲座、组织教师外出学习考察等，拓宽教师的视野和思路；利用校园广播、校报、微信公众号等渠道宣传先进的教育理念和实践成果。

2. 营造创新教育氛围

营造一个充满创新精神的教育氛围能够有效激发教师和学生的内在创造力。在这一过程中，校长的角色尤为关键，其需要积极地为教师构建一个既宽松又包容的工作环境，让教师感受到充分的信任与支持，从而极大地减轻他们的心理压力；还应大力鼓励教师勇于探索各种新颖的教学方法和富有创意的课程设计。

在宝山区实验小学，我致力于构建一个鼓励创新、宽容失败的教育氛围，激励教师实践新的教学策略和课程规划，鼓励他们进行教育创新活动。为了点燃教师的创新激情，提高他们的实际操作能力，我校特别设立了创新教育基金，以提供资金援助和资源保障。

我同样重视培育学生的创新思维与实际操作技能。我校设有科技革新课程、机器人爱好团队等，为学生提供学习和实践的平台，还经常组织科技创意竞赛和成果展览，旨在让学生在实际操作中提升创新力和团队合作能力。

3. 推动教师专业发展

学校要实现持续稳定的发展，教师的专业成长是关键。作为校长，我始终把推动教师的专业发展放在首位，努力通过建立系统化的教师培训体系和科学的激励机制全面促进教师的专业化发展。我校定期举办各种教学观摩、公开课展示和深入的教研交流活动，目的是为教师营造一个互相学习、共同提高的环境，以促进他们之间的经验交流和紧密合作。

为了进一步增强教师的教学实践技能和科研能力，我校积极邀请教育界的专家学者来到学校，面对面地指导教师的教学活动，并在科研领域给予专业的指导和援助。这种"引进来"的方法不但扩展了教师的专业视野，还显著提升了他们的教学与研究技能。

我校致力于构建一个全面的教师激励体系，包括评价和奖励机制。该体系全面评估教师在教学、科研及社会服务等领域的表现，确保评价的客观公正，并对在教学和科研上成绩显著、贡献巨大的教师予以高度认可和奖励。这些激励措施极大地提升了教师的工作积极性和内在动力，在校园内形成了积极进取、追求卓越的氛围，使教师队伍在专业上有所成长，为学校的持续发展打下基础。

（三）变革引领者

在教育快速进步的现代，作为教育变革的实践者和促进者，校长承担着不可逃避的责任与任务，必须保持敏锐的观察力，密切关注教育界的最新发展和先进动向，积极采纳具有创新性和远见的教育思想与教学策略，持续充实和改善教育活动。

1. 引入新理念

我校重视采纳创新教育理念，密切关注教育领域的最新动态和趋势，从教育论坛、研讨会及培训课程等活动中迅速掌握国内外领先的教育思想和教学技巧，同时将这些创新理念与学校的具体情况相结合，从而制订出切实有效的教育改革计划。

随着数字化转型的推进，数字化教学正成为一种趋势。我校顺应时势，采用尖端的数字化教学平台。在这个平台上，教师能够借助众多教学资源准备课程，运用在线直播和互动等功能开展教学活动，学生则能够随时随地学习和交流。如在语文课上，教师可以利用平台展示各种图片、视频等资料，帮助学生更深入地理解课文；在数学课上，教师可以使用平台的互动工具组织学生进行小组讨论、在线答题等，从而增强学生的参与感和学习成效。数字化教学平台的引入增强了教学的互动性和趣味性，点燃了学生的学习热情。

2. 推进教育改革

校长引领学校发展的核心任务是推进教育改革，应从多个方面进行，包括课程安排、教学策略和评估体系等。在课程安排方面，我校提升了跨学科和实践类课程的比例；在教学策略方面，我校推广了项目导向学习和探究导向学习等现代化教学方式。教师的角色已从单一的知识传递者转变为引导学生自主探索和协作学习的促进者。

我校构建了一个包含多种元素的评估体系，除了常规的考试分数，同样重视评估学生的全面素质和创新才能，并设立科技创新奖、社会实践奖等荣誉，用以表彰在科技创新和社会实践领域表现出色的学生。这些评估措施的执行，有效地提升了学生的学习热情和创新意识。

3. 应对教育挑战

在推进教育改革的道路上，校长必须应对当前教育领域的众多挑战并主动寻找解决方案。如针对学生个性化需求，可采取提供选修课程、实施分层教学等措施；针对教育资源分配不均的情况，可通过增强校际合作、整合社会资源等手段来改善。

二、未来教育的职责使命

作为未来学校的领航者，校长不仅是学校日常运营的决策者，更是教育理念的实践者和推动者，其职责使命包括促进学生全面发展、提升教学质量、传承与创新学校文化等多个方面。

（一）促进学生全面发展

校长的首要职责是关注学生的成长和发展，致力于培养学生的综合素质和能力。在快速变化的未来社会中，学生需要具备多方面的能力以迎接新的挑战和机遇。

1. 培养关键能力与品质

在信息技术迅猛发展的时代背景下，校长应当以更加积极的态度和行动推动信息技术与教育教学领域的深度融合，要充分利用智能化的教学手段来全面培养学生的关键能力和优秀品质，如引入 ClassIn 等先进的数字化教学平台，积极开展"水源式"在线教研教学活动，充分调动学生的学习积极性,同时在平台使用过程中,鼓励学生灵活运用答题器、小黑板、小组讨论等多种互动功能,这样教师可以实时掌握学生的学习情况,有效提升课堂的参与度和互动性。这种创新的教学方式不仅能够极大地激发学生的学习兴趣,调动其学习热情,而且能够系统性地培养他们的批判性思维能力、创新思维能力和团队协作精神,为其全面发展奠定基础。

2. 注重身心健康教育

除了培养学生能力之外,校长还需要特别关注学生的身心健康。在当前快节奏、高压力的现代生活中,学生的心理健康问题已经变得日益突出。校长应当采取积极有效的措施,大力推动心理健康教育事业的全面发展,如设立专门的心理咨询室,配备具备专业资质的心理咨询师,以便为学生提供及时、有效的心理支持和帮助,又如开设专门的心理健康课程、定期组织心理健康讲座等,全面提升学生的心理素质,培养他们积极应对生活中各种挑战的能力。

学生的身体健康同样需要特别关注,校长要积极引导他们参与各种体育活动。我校开展形式多样的体育活动,如运动会、体育节等,构建了一个积极向上、活力四射的校园体育环境,不仅有助于学生在运动中释放学习和生活上的压力,还能培养他们坚持不懈、敢于挑战的精神,从而推动学生的全面发展。

3. 推动个性化教育

每位学生都有其个性,有各式各样的爱好、才能与需求。我校致力于为学生引入丰富多彩的兴趣小组和才能发展课程,涵盖音乐、绘画、书法、科技等领域。我校的科技小组拥有资深的指导老师和尖端的实验工具,学生能够尝试机器人编程、科技创新实验等项目,从而激发对科技的兴趣和创新潜能。此外,我校也会定期举行各类兴趣才能展示活动,如校园文化艺术节、科技节等,为学生搭建展示才华的舞台,让他们在展示中获得成就感,进一步点燃他们的热情。

（二）提升教学质量

学校的生命线在于教学质量，校长必须重视提升教学品质，促进教学革新。随着教育改革的持续深入，旧有的教学方式已无法满足学生的学习需求和未来社会的发展需求，校长需引导教师积极寻找教学改革的新途径，创新教学策略和工具。

1. 推动教学改革

面对新时代赋予教育的全新要求和挑战，校长必须以高度的责任感和使命感担当起推动教育改革的重任，积极投身于教学改革的前沿，引入并融合一系列先进的教学理念和多元化的教学方法，如倡导互动合作的同侪课堂、注重实践探究的 PBL 项目化学习等创新模式，彻底打破以往单一、固化的传统教学模式。这样不仅能有效激发学生的学习兴趣，还能充分调动他们的学习主动性和创造性，使学习过程变得更加生动有趣且富有成效。校长还应大力鼓励和支持广大教师探索并实践教学改革的新路径，为他们开展教学改革实验提供全方位的必要支持与坚实保障，包括但不限于专业培训、资源共享、政策倾斜等，以确保教学改革能够稳步推进并取得实质性成果。

2. 加强师资队伍建设

校长必须高度重视教师的专业成长与发展，致力于打造一支具备高水平综合素质和专业能力的教师队伍；应积极采取多种措施，包括组织教师参与各类专业培训、深入进行教育教学研究活动、广泛开展学术交流与合作等，持续不断地提升教师的教育教学能力和专业素养；要鼓励和支持教师主动开展教学研究工作，积极探索并尝试符合学生个性特点和认知规律的教学方法与策略，以期有效提高课堂教学的效率和质量。支持教师发展的具体措施包括定期组织教师进行教学观摩活动，让教师在观摩中学习借鉴优秀的教学经验和技巧；举办教学研讨会，为教师提供一个互相交流、分享教学心得和经验的平台，让教师集思广益、共同探讨，促进教师队伍整体教学水平的提升，从而确保教育教学质量的稳步提高。

3. 优化教学资源配置

教学质量的提高离不开教学资源的支撑。我校致力于优化教学资源的配置，采取融合校内外资源、打造数字化资源库等手段，为教师提供种类繁多的教学素材，同时重视教学设施与设备的更新与保养，以保证教学活动的顺利开展。

我校利用 ClassIn 数字化云盘构建校级资源库，以提升管理效率。教研团队分工细化，陆续将空中课堂等优质资源和教师制作的校本课程资源上传至资源库，为教师开展在线教学提供了大量教学素材。这种资源配置方法提升了教师的教学效率，也推动了学校教学质量的持续改进。

（三）传承与创新学校文化

校园文化是学校的灵魂，它承载着学校的历史和传统，体现着师生共同的精神追求和情感联系。学校有责任保护和传递这份文化遗产，并在保持传统的同时引入新的元素和思想，通过创新和融合，让校园文化更加充满活力，增强其内涵的深度和多样性，为学校的持续发展提供持续的动力。

1. 守护传承学校文化

传承学校文化的首要任务是深入挖掘并细致探究学校所蕴含的丰富历史文化底蕴，系统梳理学校自创立以来的发展历程及其独特的文化基因。为了实现这一目标，我校借助精心布置的校史陈列室、内容翔实的校史讲座及图文并茂的校史读本等多种形式和渠道，将学校历史上的重要事件、感人故事、优良传统及杰出校友的辉煌成就生动地呈现给广大师生，让师生能够更加全面、深入地了解学校的辉煌过去，从而在内心深处增强对学校的认同感和归属感。

我校在继承学校传统方面付出了许多努力，包括策划并组织校庆活动，在回顾学校历史的同时展示学校的教育成就和独特文化；积极开展各种文化节活动，如文艺表演、美术展览、专题讲座等，推广学校的优良文化传统，营造浓厚的文化环境。参与这些形式多样的活动让学生深刻体验了学校文化的魅力，增强了对学校的归属感和自豪感，同时也为学校文化的继承和发展带来了新的生机和动力。

2. 引入新元素创新学校文化

在坚守和发扬学校传统文脉的同时，校长还需展现出敢于创新的精神，积极吸纳多样的新文化元素，为学校文化体系注入新的活力。随着时代快速发展和社会不断进步，众多新兴文化元素涌现，包括引领科技潮流的创新文化、倡导绿色生活的生态文明文化、展现多元共融的包容文化等。面对这些多样的新文化元素，学校应保持敏锐的洞察力，迅速捕捉并深入探究其价值，巧妙地将它们融入学校文化建设的各个方面，以丰富和扩展学校文化的深度与广度，让学校文化在继承与创新中绽放出更加迷人的光彩。

3. 构建开放包容的校园文化

从教育的未来趋势中我们不难发现，开放、包容的校园文化将成为评价学校竞争力的关键因素。学校需顺应这一潮流，重视并努力营造一个开放、包容的校园文化环境，如通过多种方式激励师生参与社会公益和志愿服务等实际活动，从而在潜移默化中培育他们的社会责任感和公民意识；积极与社区、企业建立深入合作，这不但能够扩展教育资源，还能让学校未来的发展道路更加宽广。

我校在这方面进行了积极的尝试和实践，推进家校社合作教育机制，成功打造了一个真正属于学生的幸福成长环境。具体做法有：举办多样化的亲子徒步活动，让学生亲近自然，加强家庭联系；开展各种社区教育服务，使学校教育与社区生活紧密结合。这些措施不仅加强了学校与社区的联系和互动，还无形中营造了开放、包容的校园文化氛围，为学生的全面发展提供支持，同时显著提升了学校的形象和社会影响力。

第二节 理念落实：未来学校理念的推动者

在教育革新的历史潮流中，小学教育承担着培养未来精英、筑牢人生基础的职责。作为宝山区实验小学的校长，我深知肩负的职责重大，使命光荣。

宝山区实验小学，这所拥有百年历史的学校，有着丰富的文化传统和教育传承。面对"双减"政策下"五育"并举、"五育"融合的新要求和教育现代化的浪潮，如何继承校训精神，使百年老校焕发新的生机，如何引导学校在未来的教育道路上稳步前进，成为我持续思考和实践的课题。

我将从校长教育理念的核心要素着手，阐释"诚敬勤朴"校训与"SYXX"（S：爱实干；Y：懂实验；X：敢创新；X：能自信）精神的含义；解析未来学校理念的时代意义，探索创新、智慧、个性化发展之路；展望在理念引导下学校的发展前景，包括环境育人、"现代学校3.0"建设与品牌塑造等方面，期望为小学教育的发展贡献自己的一份力量。

一、教育理念的核心要素

作为宝山区实验小学校长，传承和弘扬学校的优良传统并提出符合时代要求的教育理念是我的重要任务。因此，我提出以下教育理念的核心要素，旨在引领全校师生共同前行，为办好人民满意的学校而不懈努力。

（一）传承百年校训"诚敬勤朴"

宝山区实验小学自1903年创办以来，历经风雨洗礼，已走过120余年的光辉历程。在这漫长的岁月中，我校不仅积累了丰富的教育经验和深厚的文化底蕴，更在一代又一代师生的共同努力下，传承并发扬了百年校训——"诚敬勤朴"。这四个掷地有声的大字，不只是学校精神的象征，更是历代师生智慧与汗水的结晶。每一代学子都在这四个字的指引下，不断追求卓越，践行校训精神，使得宝山区实验小学在历史的长河中熠熠生辉。

1. 诚：忠诚热爱教育事业

"诚"居校训之首，要求我校每位教职工对教育事业有不移的忠诚和浓厚的热爱。这种忠诚与热爱不只是情感上的共鸣，更是行动上的坚持。我们作为培养未来一代的教育者，应当时刻牢记自己的职责与使命，将教育事业看作生命中不可或缺的一部分，并以满腔热情投身于日常教学活动。只有对教育充满无限热爱和深刻敬意，才能不断激发内心的工作激情和创造力，为学生的全面发展和辉煌未来贡献出所有的才智与力量。

在教育和教学的实践中，学校应持续关注并提升教师的忠诚度和责任感，采取强化教师职业道德、助力教师专业成长等手段提高教师队伍的职业素质和教学技能，确保他们在教育和培养人才的过程中更加自信和镇定，同时引导学生形成正确的人生观和价值观，重视培养他们的爱国情感和社会责任感，将他们培养成具有远大理想、高尚品德、深厚文化素养和严格纪律意识的新时代优秀继承者，进而为国家繁荣和社会和谐稳定打下人才基础。

2. 敬：敬畏遵循教育科学

"敬"的含义是对教育科学所持有的深刻敬畏与严格遵循。教育是一门博大精深的科学，不仅有独特的内在规律，而且展现出丰富多样的教育特点。肩负教育使命的工作者必须以严谨的态度尊重教育规律，坚定不移地采用经过科学验证的教育方法，唯有如此才能在教育的道路上收获令人满意的教育成果。

在具体的教育教学实践过程中，我们更需要时刻保持对教育科学的敬畏之心。这种敬畏并非空洞的口号，而是要切实体现在对教育规律的严格遵守上：要深入洞察并尊重每一位学生身心发展的独特性，科学地、有针对性地制订符合实际的教育教学计划；教学方法的选择也必须坚持科学合理的原则，确保所选方法既能激发学生的学习兴趣，又能促进其全面发展。

只有真正做到以上这些，才能确保教育教学工作既高效，又不失针对性，让学生能够在轻松愉悦的氛围中愉快地学习，健康地成长。

3. 勤：教育工作勤勉笃行

"勤"深刻体现了对教育工作的勤勉态度和坚定实践。教育工作本身是一项极为繁重且需持续投入的任务，它要求教师投入大量的时间和精力，更要求他们在教学过程中始终保持高度的责任感和使命感。唯有勤勉笃行，教师才能够在教育这片沃土上收获丰硕的成果，取得令人瞩目的优异成绩。

在校园的常规运作和管理过程中，我校始终把教师团队的精神建设放在极其重要的地位。教师不只是知识的传递者，也是学生精神发展的向导。我校努力培养教师的职业道德和奉献精神，通过多样化的培训和激励方案促使他们保持勤奋的工作状态，以极大的热情全情投入教育工作，毫无保留地为学生的成长和进步贡献自己的才智和力量。

我校针对学生亦增强了管理与教育的强度，如采用多样化的教育策略和灵活的引导方法，培养学生形成良好的学习习惯；指导学生制订合理的学习计划、高效地总结和归纳知识点，以提高他们的学习效率和质量。我校还特别强调培养学生的自律精神和自我管理技巧，使他们认识到自我约束对个人发展的重要性，学会自主规划学习和生活，自觉遵循学校的规章制度，在有序的环境中健康成长。

4. 朴：教育作风朴实严谨

"朴"体现了教育作风所应具备的朴实无华与严谨细致。唯有秉持脚踏实地、求真务实的工作态度，才能筑牢教育的基石，进而赢得社会各界的广泛认可与深切尊重。

我校在实际的教育和教学活动中一直把培育学生的动手能力和创

新意识作为主要目标，不仅重视教授理论知识，还激励学生参与实践，勇于对未知的领域进行主动探索。这种教育观念的目的是唤醒学生的内在潜力，使他们成长为既有坚实理论功底，又具备出色实践技能的现代人才。

为了保障教育教学活动的高品质和高效率，我校全面强化了管理和监督机制，从科学制订教学计划、精心执行课程，到客观评估教学效果，每一个环节都投入了大量精力，建立起一个严格且易于操作的制度体系。这个体系确保教育教学的每个细节都有规则可循、有依据可查，进而确保整个教育过程顺利进行和不断改进。

（二）提出"SYXX"精神

在传承百年校训"诚敬勤朴"的基础上，我结合时代发展的要求和学校办学的实际情况提出"SYXX"精神，即爱实干、懂实验、敢创新、能自信。这一精神既是对百年校训的传承和弘扬，也是对学校办学理念的丰富和发展，为学校的教育教学工作注入了新的活力和动力。

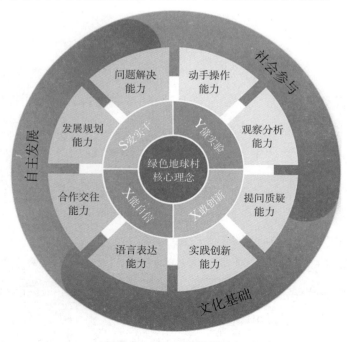

图 1-1 "SYXX"精神

1. 爱实干：注重实践，勇于担当

爱实干是一种脚踏实地、真抓实干的工作态度和精神风貌，要求教育工作者在教育教学中摒弃浮躁和虚假，实实在在地做事，踏踏实实地做人。只有实干才能为学生的成长和发展提供保障。同时，我校鼓励教师踊跃参与教学革新和项目研究，以提高自身的教学技巧和专业水准，期望能培育出更多具备实际操作技能和责任感的人才，为国家的建设和发展贡献自己的力量。

在日常教学中，我校重视学生实际操作技能与责任感的培育。学生通过多样化的实践和社区服务课程直接体验生活的苦与乐，从而锻炼操作技巧和解决问题的能力。

爱实干还体现在对待学校各项工作的认真态度和扎实作风上。我校无论是教学管理、德育工作还是后勤保障等方面都注重细节、追求完美，确保每一项工作都能够落到实处、取得实效。

2. 懂实验：掌握方法，探索未知

懂实验是一种注重实践、勇于探索的科学精神和创新意识。当今社会，科学技术日新月异，创新已成为推动社会发展的第一动力。教育工作者必须注重培养学生的实验能力和探索精神，让他们在实践中学习，在探索中创新。

我校重视在教育教学实践中培养学生的科学素养与探索精神，如通过开设科学实验课程、组织科技活动等方法，鼓励学生参与实验操作，提升他们的观察力和思考力。我校也着力于加强对教师的培训和指导，以提高他们的实验教学技能和水准，期望能够培育出更多具备科学素养和探索精神的人才，为国家的科技发展和社会进步作出贡献。

在实验室建设和实验教学方面，我校不断加大对实验室的投入和改造力度，提升实验室的设施水平和实验条件，同时加强对实验教学的管理和监督，确保实验教学的规范化和制度化。

3. 敢创新：勇于突破，追求卓越

敢创新是一种勇于突破、敢于尝试的创新精神和冒险意识。只有不断创新，才能在激烈的竞争中立于不败之地。因此，我们必须注重培养学生的创新精神和冒险意识，让他们在创新中成长，在冒险中进步。

我校致力于培养学生的创新精神与能力，如举办多样化的创新活动与竞赛以点燃学生的创新激情和创造力，同时鼓励教师探索新的教育策略和教学方法，力求培养出更多具备创新精神和能力的人才。

在教学管理、德育活动及后勤支持等方面，我校同样强调创新思维和方法的应用，持续寻求新的工作模式和机制，希望通过这些改革与创新，不断提高学校的教育教学品质及管理效能，为学生提供更优质的教育服务和保障。

4. 能自信：自信自强，勇攀高峰

能自信是一种积极向上、乐观自信的精神风貌和人生态度。自信是成功的第一秘诀，只有自信，才能在人生的道路上勇往直前，不断追求卓越。教育工作者必须注重培养学生的自信心和乐观精神，让他们在自信中成长，在乐观中进步。

我校致力于提升学生的自信与自立意识，如举办多样化的比赛与活动，鼓励学生展现才艺和实力，从而增强他们的自信与自豪，又如强化心理健康教育与辅导，协助学生树立正确的自我认识与评价体系，期望通过这些方法培育出更多充满自信与自立精神的优秀人才。

能自信还体现在对学校各项工作的自信和自豪上。我校注重展示教学管理、德育工作、后勤保障等方面的成果和亮点，增强学校的知名度和影响力；加强对外的交流与合作，积极学习借鉴其他学校的先进经验和做法，不断提升自己的办学水平和综合实力。

二、未来学校的时代内涵

当下的教育正面临深刻转型，未来学校的观念应运而生。它指引着学校发展的道路，为培育适应未来社会的人才提供新的视角和策略。作为一校之长，我致力于将未来学校的观念融入学校的教学实践，为学生的成长和发展打造更佳的环境。

知人善教

求真向善

有教无类

护长容短

IMNIVA："易妈利娃"
Innovation：创新
Method：方法
Nature："野性"
Internation：国际
Vision：视野
Academy：学院

注重创新

传递智慧

回归野性

开阔视野

善用技术

图 1-2　宝山未来学校核心价值

（一）注重创新

当今，创新能力已然成为衡量人才的关键标准。学校作为培育未来人才的摇篮，必须积极创新学校样态，构建多元新环境，加快培养创新人才。

传统的应试教育体系往往过分强调知识记忆与应试技巧，忽视了培养学生的创新能力。我校打破传统的教室布局，引入开放式学习空间、创意工作室、科学探究实验室等多种新型学习场景。这些场景不仅为学生提供了更加自由、开放的学习环境，还可以通过项目化学习、探究式学习等多元化的学习方式鼓励学生主动探索、勇于尝试，从而在实践中培养学生的创新思维和解决问题的能力。

此外，我校还注重培养学生的团队协作能力，如让学生进行小组合作、跨学科项目等，在共同解决问题的过程中学会沟通、协作与领导，这些能力对于未来的创新人才而言至关重要。

评价体系的创新同样不可或缺。我校摒弃单一的考试成绩评价方式，建立多元化评价体系，综合考量学生的创新能力、实践能力、团队协作能力等，通过作品展示、项目汇报、课堂表现等多维度评估学生的综合素质。

（二）传递智慧

单纯传授知识如今已无法满足学生的成长需求，我们需要注重传递知识背后的智慧，优化学习和实践路径，实现高效的智慧分享。

我校积极推行探究式学习、问题导向学习等方法。例如，教师在科学课上提出富有启发性的问题，引导学生自主查阅资料、开展实验探究、组织小组讨论，在寻找答案的过程中培养学生的自主学习能力与解决问题的能力。

为了让学生能够学以致用，我校优化实践路径，加强与社区、企业的合作，如组织学生参与社区服务，增强他们的社会责任感；与企业合作开展实习项目，让学生提前了解职场需求与行业动态。学生通过这些实践可以将理论知识运用到实际中，还能在实践中获取新的知识与技能。

为实现高效的智慧分享，我校搭建了智慧学习平台。教师可以在平台上分享教学资源、教学心得，学生也能展示自己的学习成果与创新想法。平台还设有互动交流板块，方便师生之间、学生之间随时交流讨论，让知识与智慧在校园中快速传播，使学生能够互相学习，丰富自己的知识体系。

（三）回归"野性"

在应试教育体系下，学生的天性往往被忽视甚至压抑。然而，天性是学生成长的重要动力源泉。宝山未来学校将回归"野性"作为核心理念之一，旨在通过呵护学生的好奇心、尊重学生的好玩心、善用学生的好胜心来促进他们的全面个性发展。

我校鼓励学生保持对未知世界的好奇心，为他们提供探索自然、科学、艺术等领域的机会；注重培养学生的兴趣爱好与特长，通过开设丰富多彩的社团课程、举办才艺展示活动等方式，让他们能够在自己喜欢的领域尽情发挥才华。

我校也注重培养学生的竞争意识与合作精神，如组织各种竞赛活动、团队项目等以激发学生的好胜心与进取心，让他们学会在竞争中成长，在合作中共赢。这种竞争与合作的平衡发展能够提升学生的综合素质与团队协作能力。

（四）开阔视野

随着全球化进程加速，培养具有国际视野的人才已成为教育的重要目标。我校致力于开阔学生视野，增强他们的跨文化交流能力，使其能更好地适应未来社会。

课程设置国际化是开阔视野的基础。我校采取开设英语、法语、德语等多种外语课程及开展国际交流项目等方式，提升学生的语言水平与国际沟通能力；注重培养学生的国际意识与跨文化理解能力，以介绍不同国家的文化、历史、政治等方面知识及组织国际文化交流活动等方式来拓宽学生的国际视野。

此外，我校还注重培养学生的全球公民意识与责任感，引导学生关注全球性问题、参与国际公益活动等，培养他们的社会责任感与担当精神。这不仅能够提升学生的国际竞争力与适应能力，还能够让他们为构建人类命运共同体贡献力量。

（五）善用技术

现代技术的飞速发展为教育带来了前所未有的机遇，我们应善用技术推动教育变革，构建个性化教育新模式，提升学生的综合能力。

我校利用人工智能、大数据等技术实现个性化教学，分析学生的学习数据，了解学生的学习习惯、知识掌握程度和学习需求，为学生量身定制学习计划，推荐个性化的学习资源，实现因材施教。

在线教学平台的应用打破了时空限制，学生可以随时随地学习。

教师可以录制优质的教学视频,上传到平台,供学生自主学习;也可以利用在线直播功能,开展实时互动教学,解答学生的疑问。

虚拟现实(VR)、增强现实(AR)等技术也为教学带来了新的体验。教师可以在实验教学中利用 VR 技术模拟危险、复杂的实验场景,让学生在虚拟环境中进行实验操作,提高实验教学的安全性和效果。

技术还能助力教学管理的优化。我校通过教学管理系统实现了对教学过程的全程监控与评估,进而及时发现教学中存在的问题,为教学决策提供数据支持,提高教学管理的效率和科学性。

三、学校发展的愿景设计

作为一所百年名校,我校拥有深厚的历史底蕴和悠久的文化传承。在新的时代背景下,我校聚焦现代小学教育的核心价值理念,探索小学教育对人生成长的意义,以清醒的文化自觉遵循百年名校的办学规律,克服困难,保持蓬勃向上的生机,同时贯彻"SYXX"精神,坚持科学实验、改革创新,发挥示范辐射作用,以内生的工作热情,依法自主办学,优化管理机制,推进课程改革,探索"未来学校",成就师生共同成长。

(一)环境育人功能

环境是育人的重要载体,能够潜移默化地影响师生的思想品质和行为习惯。在新校舍落成之际,我校打造了"宝小九景",融合多元元素,营造了一个充满教育意蕴和人文气息的育人环境。

"宝小九景"涵盖多个独具特色的景点,包括时间轴广场、紫藤长廊、小花园、智慧体育中心、智美图文中心、智元文化空间等,每一个景点都蕴含着丰富的教育意义和深厚的文化底蕴。时间轴广场上,五彩斑斓的花朵环绕着喷泉和校训石,学生在欣赏自然美景的同时也能铭记学校的校训和悠久历史,感受学校文化的厚重与传承。紫藤长廊一片生机盎然,是师生喜爱的交谈和休息场所,枝繁叶茂的紫藤营造了一个舒适的交流环境，极大促进了师生之间的情感交流和思想碰撞。在小花园里，师生共同种下的一株株绿苗，不仅美化了校园环境，而且在潜移默化中培养了学生的环保意识和责任感，让他们在实践中学会关爱自然、珍惜资源。智慧体育中心、智美图文中心、智元文化空间等现代化设施，为学生提供了先进的学习和活动平台，丰富了他们的课余生活，极大激发了他们的学习兴趣和创新精神。

为了丰富校园文化生活，提升学生的综合素质，我校特意在校园内设置了多种多样的文化设施。校史陈列室详细记录了学校的发展历程和辉煌成就；文化长廊展示了学校深厚的文化底蕴和丰富的校园活动；艺术展览厅陈列着师生的优秀艺术作品，涵盖绘画、雕塑、摄影等多种形式……这些设施不但能集中展示学校的历史文化和师生的才华，更为校园营造出浓厚的文化氛围。希望这些精心设计的文化环境能够让学生在不知不觉中感受到学校的文化魅力，从而增强他们对学校的归属感和认同感。这种文化氛围也能很好地激发学生的学习动力和创造力，促使他们在学术和艺术领域不断追求卓越，实现自我价值提升。

（二）"现代学校 3.0" 建设

我校紧跟教育现代化的时代潮流，积极推进"现代学校 3.0"建设，整合多个信息化项目以构建一个泛在共享的教学体系。

信息化是提升教育质量、促进教育公平的重要手段。我校先后被评为上海市教育信息化应用标杆培育校、上海市义务教育项目化学习三年行动计划实验校等，这些荣誉不仅是对我们过去工作的肯定，更是对未来发展的期许。我校在此基础上推进"上海市教师教育信息化工程 2.0""宝山区数字教材实验校"等项目，为学校的信息化建设注入新的活力。

我校在信息化项目的推进过程中，将信息技术与教育教学深度融合。智慧体育中心、智美图文中心、智元文化空间等现代化教学设施为师生提供了更加丰富的学习资源和便捷的学习方式。在智慧体育中心里，师生可以随时进入自主锻炼模式，设备无感采集真实运动数据，为个性化教学提供了有力支持。智美图文中心通过引入优质的第三方数字平台，积累了校园活动中学生的有效数据，为真实评价提供了科学依据。智元文化空间则打通了课堂、学习、实验、生活多种场景，打造了一种智慧学习新模式。

除了硬件设施的提升，我校还注重软件资源的建设，通过开发和应用各种教学软件及平台，实现教学资源的共享和优化配置。"撷知备课系统"和"深瞳质量分析系统"的应用，让教师的教学工作更加高效、精准。我校鼓励师生利用互联网资源进行自主学习和合作探究，培养他们的信息素养和创新能力。

我校在泛在共享教学理念的引领下，逐步迈向"现代学校3.0"时代。相信通过信息化项目的持续推进和深化应用，我校的教育质量和办学水平将得到进一步提升。

（三）深入推进"SYXX"品牌打造

我校致力于培养具有"SYXX"精神的师生，深入推进学校品牌建设与创新发展。"SYXX"精神是我校的育人目标，也是我校的品牌特色，意为通过各种教育教学活动，培养学生爱实干、懂实验、敢创新、能自信的品质。

为了全面提升学生的综合素质和能力，我校策划并开设了各式各样的特色课程，包括旨在培养学生动手能力和劳动意识的劳动教育课程、激发学生探索精神和科学素养的科学实验课程、锻炼学生创新思维和解决问题能力的创新思维课程等。学生学习这些课程，能够在实践中不断积累知识，锻炼能力，实现自身的全面发展。

我校还组织了内容丰富的校园活动，如科技节、艺术节、体育节等。这些活动为学生提供了展示自我、锻炼能力的舞台，让他们在参与过程中充分展现自己的才华和风采。

为了进一步满足学生个性化发展的需求，我校还开展了涵盖多个领域的社团活动，包括培养未来科技人才的机器人社团、提升编程技能的编程社团、传承传统文化精髓的书法社团等。学生可以根据自己的兴趣和特长选择社团，深入学习探索，不断提升自己的综合素质。我校还采用导师制、小班化教学等方式，关注每一个学生的发展需求，为学生提供个性化的教育服务；鼓励学生自主学习、自主探索，培养他们的自主意识和创新能力。

我校以各种改革和创新举措提升办学水平和教育质量：不断加强与国内外学校的交流与合作，引进先进的教育理念和教学方法，推动学校的国际化发展；注重与社会各界的联系与合作，整合各种资源，为学生提供更广阔的学习和发展空间。

第二章

发展定位——构建未来学校发展框架

5. 学校的百年校史中，有哪些宝贵的教育智慧值得传承和发扬？

6. 如何将"诚敬勤朴"的校训精神融入现代学校的管理与发展？

7. 当前的教育环境下，学校面临哪些机遇和挑战？

8. 如何在未来学校理念指导下设定清晰明确的发展目标？

9. 为了实现这些目标，需要采取哪些创新驱动的发展策略？

第一节　历史回溯：百年文化底蕴的继承者

学校的发展历程详尽地记录着岁月留下的印记与时代不断演进的轨迹。宝山区实验小学历经百年风雨，凭借其深厚的历史底蕴和坚韧不拔的奋斗精神书写着具有自己独特风格的教育篇章。自 1903 年初创之日起，我校便开启了漫长的教育探索之旅，并在 2008 年迎来了合并重建的重要转折点。在这一过程中，我校不只保留了原有的优良传统，还注入了新的活力与理念。时至今日，我校已蜕变为一所现代化的校园，无论是硬件设施还是教育理念都达到了新的高度。然而，无论时代如何变迁，我校始终坚定不移地坚守着教育的初心与使命，为培养一代又一代的优秀学子而不懈努力。

一、百年校史的智慧积淀

每一所学校都有其独特的故事，而宝山区实验小学的故事承载着百年的岁月沉淀与智慧结晶。从 1903 年创办到如今成为区域教育的示范标杆，我校"诚敬勤朴"的校训始终指引着师生前行；《实干家》校刊凝聚着全校的教育热情。

这所百年老校的历史不仅是一部学校的发展变迁史，更是一部教育理念传承与创新的奋斗史。

（一）百年历程与合并重建

1. 百年历程，薪火相传

1903 年，在那个风雨飘摇的年代，清末举人、著名教育家袁希涛先生与知名乡绅潘鸿鼎先生（潘光旦之父）携手创办宝山小学，开启了这所百年老校的教育征程。宝山小学从那一刻起便肩负着培养未来栋梁的重任，承载着传播知识、启迪智慧的使命。

一个多世纪以来，宝山小学历经沧桑，见证了时代的变迁与教育的进步。无数师生以勤勉笃行、朴实严谨的态度，共同书写教育篇章。国画大师朱屺瞻先生曾是我校早期的杰出学子，他的艺术成就不仅为学校增添了光彩，更为我们树立了追求卓越的榜样。社会学家潘光旦先生，这位清华百年历史上的四大哲人之一，也曾在这里汲取知识的养分。

随着时间的推移，宝山小学在时代的浪潮中不断前行。1993 年，学校正式更名为宝山区实验小学，标志着学校进入新的发展阶段，新校名也寄托了社会各界对学校的殷切期望。多年来，我校始终坚持素质教育办学方向，秉持"播撒快乐、传递友善、收获成长"的办学理念，培养拥有"SYXX"精神的爱实干、懂实验、敢创新、能自信的师生。

2. 合并重建，开启新篇

进入 21 世纪，随着教育改革不断深入和社会经济快速发展，宝山区实验小学迎来了新的发展机遇。2008 年，为了进一步优化教育资源配置，提升教育教学质量，学校与宝山区进修附小进行了合并。这一举措不仅扩大了我校的办学规模，也促进了教师队伍的优化和课程资源的整合，为学校的发展注入新的活力。

合并后的宝山区实验小学在继承原有优良传统的基础上不断开拓创新，努力提升办学品质。2018 年，在区政府与教育局的大力支持下，我校启动了原址重建工程。这是一项惠及广大师生的民心工程，也是学校发展历程中的一个重要里程碑。经过数年的规划和施工，新校舍终于在 2020 年竣工并交付使用。

新建成的宝山区实验小学校舍，外观现代、设施一流、功能齐全、布局合理。学校占地面积近 23 亩，拥有东、西两个校区，共设有 49 个教学班，可容纳近 2000 名学生就读。校舍内配备先进的教学设备和完善的生活设施，为师生营造一个温馨、舒适、安全的学习和生活环境。新校舍的建成使用极大改善了办学条件，也为学校未来的发展奠基。

如今，宝山区实验小学拥有宝山区品质最高的校舍之一。我校秉承"诚敬勤朴"的百年校训，坚持"以人为本、健康第一"的办学理念，致力于培养德智体美劳全面发展的社会主义建设者和接班人。在新的起点上，我校将继续发扬优良传统，开拓创新，努力办好人民满意的教育。

（二）校训精神与创办校刊

1. 校训精神，源远流长

校训是一所学校的灵魂，是师生共同遵守的行为准则和价值追求。宝山区实验小学的校训"诚敬勤朴"源远流长，蕴含着深厚的文化底蕴和教育智慧。这四个字不仅是对师生品德修养的基本要求，也是学校办学理念的集中体现。"诚"即忠诚热爱教育事业，要求以真诚的态度对待教育，全心全意为学生的成长和发展服务；"敬"即敬畏遵循教育科学，强调尊重教育规律，科学施教，不断提升教育教学质量；"勤"即教育工作勤勉笃行，倡导勤奋工作、刻苦学习，以实际行动践行教育使命；"朴"即教育作风朴实严谨，弘扬朴实无华、严谨治学的作风，营造良好的教育生态。

在百年的发展历程中，校训精神"诚敬勤朴"激励着一代又一代师生。许多优秀校友在这一校训的熏陶下，在各自的领域取得了杰出的成就。他们有的成了知名的学者，在学术研究上不断探索，为推动社会进步贡献力量；有的投身于教育事业，传承着母校的校训精神，培养了一批又一批优秀的人才；有的在商业领域取得成功，始终秉持着诚信、勤奋的品质，为社会创造财富……这些校友的成功是个人的荣耀，更是校训精神的生动体现。

2. 创办校刊，传承精神

随着时代的发展，为了更好地传承和弘扬校训精神，我校创办了校刊《实干家》。在"双减"背景下，教育面临着新的挑战和机遇，"五育"并举、"五育"融合的教育改革对学校和教师提出了更高的要求。如何在新的形势下坚持素质教育办学方向，创建"学生快乐、家长放心、社会认可"的区域性示范性实验小学，成为学校领导和教师思考的重要问题。创办校刊正是我校在这一背景下的积极探索。

《实干家》校刊的创办，旨在为全校教师搭建一个交流与展示的平台。教师在这里可以抒发自己在教育教学过程中的所思、所感、所悟，分享自己的教学经验和教育故事。每一篇文章都凝聚着教师的心血和智慧，是他们对教育事业热爱的体现。教师可以通过校刊相互学习、相互启发，共同提高教育教学水平。校刊也是学校文化建设的重要组成部分，它记录了学校的发展历程、师生的成长足迹，展示了学校的办学成果和特色，增强了师生的归属感和荣誉感。

在筹备校刊的过程中，全校教师积极参与，踊跃投稿。他们从自己的教学实践出发，撰写了一篇篇生动而富有内涵的文章，有的分享在课堂教学中如何创新方法，介绍如何激发学生的学习兴趣，提高课堂教学效率；有的讲述教师与学生之间的感人故事，展现师生之间深厚的情谊；还有的对教育改革进行了深入思考并提出了自己的见解和建议。这些文章不但丰富了校刊的内容，更体现了教师对教育事业的责任感和使命感。

校刊的编辑团队精心策划、认真编辑每一期内容，对每一篇投稿进行仔细筛选和修改，确保文章的质量和水平。校刊所收文章注重多样性和针对性，有教育随笔、教学案例、教育理论、师生风采展示等多种类型，满足不同教师的需求。教育随笔让教师可以自由表达自己在教育生活中的点滴感悟；教学案例即分享优秀的教学实践案例，为其他教师提供参考；教育理论即围绕教育热点问题展开讨论，促进教师的思想碰撞；师生风采展示即呈现师生的优秀作品和成果，激发师生的积极性和创造力。

"诚敬勤朴"的校训精神通过《实干家》校刊得到了更广泛的传播。教师在阅读校刊的过程中，更加深刻地理解了校训的内涵并将其融入自己的教育教学实践。校刊也向社会展示了我校的办学理念和教师风采，提升了我校的知名度和美誉度。许多家长和社会人士通过校刊了解我校的教育教学情况，并给予了高度评价和认可。

二、传统现代的融合发展

我校作为一所历经岁月洗礼、风雨沧桑却依然屹立不倒、生机勃勃的学府，其传统与现代的完美融合，不仅是时光荏苒、岁月变迁的有力见证，更是几代教育工作者智慧与心血的结晶。在这部积淀深厚、意义深远的教育史诗中，我们一方面怀着无比崇敬的心情，汲取先辈高瞻远瞩的远见卓识和默默耕耘的无私奉献精神，另一方面也深感责任重大，义不容辞地肩负起在传承中创新、在创新中发展的历史使命，为学校的持续繁荣和教育的进步贡献力量。

（一）悠久历史

学校历史的每一个篇章都饱含着教育的智慧和汗水，每一页都书写着师生的不懈追求和光辉业绩。追溯初创时期的艰辛与坚持，我们可以感受到那段岁月里创业者面对重重困难时所展现出的顽强意志和不屈精神，也能清晰地看到老一辈教育家的远见卓识和无私奉献。他们以高尚的师德和卓越的教育理念，为后世树立了榜样。

袁希涛先生作为中国现代教育的先驱之一，以其卓越的教育理念和深远的眼光，为学校奠定了坚实的发展基础。他深知教育对于国家和民族的重要性，秉持着培养具有现代知识和素养的人才的信念，精心规划课程设置、师资队伍建设和教学方法。在那个教育资源相对匮乏的年代，他四处奔走，筹集资金，改善办学条件，为学生创造了良好的学习环境。潘鸿鼎先生同样凭借其在当地的影响力，积极推动学校的发展，吸引了众多优秀的教师和学生。

我校创立之初，便以"诚敬勤朴"为校训。它不只是一句简单的口号，更是如同指引方向的明灯一般，在漫长的岁月里始终照亮学校前行的道路。无论是在动荡不安的岁月，还是在和平发展的年代，我校源源不断地培养出一批批杰出人才。他们不仅拥有卓越的才华和深邃的智慧，更以满腔的热忱和坚定的信念，在推动社会进步、促进文明繁荣的广阔舞台上焕发出自己的光彩。

著名儿童文学家陈伯吹先生便是杰出的校友代表之一。陈伯吹先生在我校度过了他的童年时光，受到了良好的教育熏陶。他的生平可以总结为"三个一"，即"一生只做一件事，一辈子只爱一个人，一心一意为儿童文学事业"，这对学校文化产生了深远的影响。他一生致力于儿童文学创作与研究，为中国的儿童文学事业作出了卓越的贡献，其作品，如《阿丽思小姐》等，以丰富的想象力、生动的故事情节和深刻的思想内涵，深受广大儿童的喜爱。

陈伯吹先生令人敬仰的事迹激励着我校一代又一代的师生不断前行。他无私奉献的精神和对教育事业执着而坚定的追求早已深深融入学校的血脉，成为学校文化不可或缺的重要组成部分。我校将陈伯吹先生视为楷模，时刻以他的精神为指引，鼓励广大师生在各自的专业领域中，始终坚守初心，矢志不渝地努力奋斗，共同推动社会的发展和进步。

（二）传承创新

我校在传承深厚历史文化底蕴的基础上，坚持不断进取、与时俱进，致力于探索和践行现代教育的新理念与新方法。将传统文化与现代思想有机融合是推动学校实现可持续发展、提升教育质量的关键所在。在具体的办学实践过程中，我校始终高度重视将历史文化的精髓与现代教育的先进理念和科学方法进行深度融合，力求在继承传统的基础上不断创新突破，努力打造一个既蕴含深厚历史文化底蕴，又彰显鲜明时代特色和现代教育理念的教育品牌。

在教育理念方面，我校始终坚定不移地秉持素质教育的办学方向，将"播撒快乐、传递友善、收获成长"作为核心理念贯穿于教育教学的各个环节。这一办学理念不仅是对学校百年教育精神的传承与发扬，更与时俱进地融入了现代教育所倡导的价值追求和育人目标。我校致力于为学生营造一个快乐、和谐且富有生机与活力的学习环境，让他们在轻松愉悦的氛围中汲取知识，在友善互助的互动中茁壮成长，最终实现知识与品德的双重提升。

在教学方法方面，我校积极探索创新，引入先进的教学模式与技术手段，如开展项目化学习（PBL），让学生参与实际项目的探究与实践，培养他们的问题解决能力、团队合作能力与创新思维，又如注重信息技术与教育教学的深度融合，利用多媒体教学、在线教育平台等手段丰富教学资源，提高教学效果。

图 2-1　跨学科 PBL 项目组

在师资队伍建设方面，我校注重教师的专业发展与成长，开展各类培训活动、教学研讨活动，为教师提供学习与交流的机会，不断提升他们的教育教学水平，同时鼓励教师参与教育科研，探索教育教学规律，为学校的教育教学改革提供理论支持。

图 2-2 教师专业培训现场

在校园文化建设方面，我校注重传承与创新相结合。一方面保留了学校的历史文化特色，如校训、校歌、校徽等，让师生在校园中感受到浓厚的历史文化氛围；另一方面，积极创新校园文化活动的形式与内容，举办校园文化节、科技节、艺术节等，为师生提供展示才华的舞台，丰富他们的校园生活。

在课程设置方面，我校在开足开齐国家课程的基础上，积极开发校本课程，结合学校的办学特色与学生的兴趣需求，开设了艺术类、体育类、科技类等校本课程，为学生提供了多元化的学习选择，培养他们的个性特长与综合素质。

在教育国际化方面，我校积极拓展国际交流与合作，与国外友好学校建立交流合作关系，开展师生互访、文化交流等活动，拓宽师生的国际视野，培养他们的跨文化交流能力。

历史是一面镜子，可以让我们更好地认识自己、反思过去、展望未来，所以我们应注重挖掘和整理学校的历史文化遗产，将其融入学校的办学理念和实践活动。这不仅能够传承和发扬学校的优良传统，而且能够为学校的持续发展注入新的活力和动力。

第二节　时代方位：驱动发展目标的前行者

在当今教育改革的浪潮中，作为校长，我深感责任重大。宝山区实验小学作为一所百年老校，承载着厚重的文化底蕴，也面临着新时代的诸多挑战与机遇。为了更好地推动学校的发展，校长需要明确发展目标，采取切实可行的策略。

在本节中，我将结合宝山区实验小学的实际情况，深入剖析学校的现状，明确我校的优势、劣势、机遇与挑战，并基于分析结果，确定清晰明确的短期、中期和长期发展目标，为学校的发展描绘一幅宏伟的蓝图，同时探讨创新教育教学策略、师资队伍建设策略及资源整合与合作发展策略，以驱动学校的持续进步。

一、优势挑战的现状剖析

深刻剖析学校现状，明确优势、劣势、机遇与挑战，方能为学校未来的发展谋篇布局。

（一）优势：深厚底蕴与多元资源

1. 深厚的历史文化底蕴

宝山区实验小学的历史可追溯至 1903 年，由地方上德高望重的贤达人士、著名教育家袁希涛先生与潘鸿鼎先生携手创办，历经百余年的风雨洗礼和岁月沉淀，逐渐成了一所人文气息浓厚、英才辈出的名校。在这漫长的岁月里，我校涌现了诸多杰出人才，其中不乏中国画巨擘朱屺瞻先生、社会学领域的杰出代表潘光旦先生等知名艺术家、学者。他们或曾在此求学，或曾在此执教，不仅为学校注入了丰富的学术养分，更以其卓越的成就和崇高的人格魅力为学校积累了宝贵的精神财富。深厚的历史文化底蕴使我校在社会各界赢得了广泛的认可和赞誉，更为我校在新时代的持续发展提供了源源不断、坚不可摧的精神动力。

2. 优质的师资力量

我校目前拥有一支规模达 138 人的教职工队伍。这支队伍中研究生学历的教师共有 8 人，大学本科学历的教师则多达 117 人，占比相当高。从职称方面看，我校有高级教师 21 人，一级教师 79 人，形成了较为合理的职称结构。值得一提的是，教师队伍中还涌现出了一批优秀的教育人才，包括上海市特级教师 1 人、区级学科首席教师 1 人、区级学科带头人 6 人、区级学科教学能手 7 人、区级教坛新秀 2 人、校级骨干教师 14 人。这些教师在各自的领域内都有突出的表现和贡献。总体来看，我校的教师队伍师德高尚、业务能力精湛，且呈现出年轻化的趋势，为学校的教育教学工作和长远发展提供了有力的人才保障。

3. 先进的办学理念

我校始终坚定不移地秉持"以人为本、健康第一"的核心办学思想，把学生的身心健康和全面发展放在首位，明确教育的本质在于促进人的全面成长。我校传承并践行"播撒快乐、传递友善、收获成长"的办学理念，致力于营造一个充满欢乐、友善和谐的学习环境，让学生在快乐中学习，在友善中成长，最终收获丰硕的成果。这一办学理念不仅充分体现了我校对学生全面发展的深切关怀和高度重视，而且紧密契合了新时代教育发展的新趋势和新要求，彰显了我校与时俱进的教育理念。我校还积极贯彻落实"SYXX"精神，致力于培养具有创新精神和实践能力的社会主义建设者和接班人。

4. 丰富的教育资源

我校地理位置优越，坐落于繁华的宝山中心城区，拥有东林路和团结路两个主要校区，占地面积极广，校园环境优美，建筑设施尽显现代化风采。近年来，我校在信息化建设领域取得了令人瞩目的成绩，成功跻身上海市第三批教育信息化应用标杆培育校的行列。我校配备了智能调控的灯光系统，能够根据环境光线自动调节，营造舒适的学习氛围；引入了智慧体育检测系统，实时监测学生的运动数据，助力科学锻炼；智慧图书馆借阅系统的应用极大地方便了学生的图书借阅，提升了阅读体验。这一系列先进设备为学生打造了丰富、多元、智能化的学习空间，极大地丰富了他们的学习生活。我校还积极整合校内外各类优质资源，与周边社区、学生家庭建立紧密的合作关系，形成多方联动、协同育人的良好教育合力。

5. 显著的办学成效

我校在稳固和深化上海市文明校园、上海市教师专业发展学校、上海市行为规范示范校等一系列重要荣誉称号的基础上，始终保持积极进取的精神风貌，不断追求卓越，力求再创辉煌。近年来，我校在市、区两级举办的各类竞赛活动中屡次斩获佳绩，展现出强大的综合实力和竞争力；我校教师在各类教学竞赛、科研项目及学术活动中也取得了令人瞩目的显著成绩，充分体现了我校在教育教学和科研领域的深厚底蕴。这些成绩有效提升了学校的知名度和社会影响力，也为学校在更高层次上的腾飞提供了强有力的支撑。

（二）劣势：设施局限与机制短板

1. 教师队伍结构不合理

尽管我校教师队伍整体素质较高，但队伍结构仍存在不合理之处：青年教师占比较大，缺乏丰富的教学经验；中年骨干教师数量有限，难以形成有效的传帮带机制；高级教师虽然延聘留用，但整体数量仍嫌不足。这些不合理在一定程度上影响了学校的教育教学质量和持续发展能力。

2. 校际间发展不平衡

我校东西两个校区在硬件设施、师资力量、学生素质等方面存在一定的差异。东校区为老校区，设施相对陈旧；西校区为新校区，设施较为完善。这种校际间的不平衡发展会影响学校的整体办学水平，也给管理工作带来了一定的挑战。

3. 课程体系有待完善

我校在课程建设方面取得了一定成绩，但现有的课程体系仍存在一些不足之处，如国家课程和地方课程的校本化实施还不够科学完善；校本课程虽然丰富多样，但缺乏系统的规划和整合；跨学科课程和综合实践活动课程的开展还不够深入和广泛。这些问题在一定程度上制约了课程体系的发展。

4. 管理机制尚需优化

我校在管理机制方面还存在一些不足之处，如管理层次较多，导致信息传递不畅、决策效率低下；各部门之间缺乏有效的沟通和协作机制，难以形成合力；管理制度不够完善，存在执行不力、监督不到位等问题。这些管理机制上的不足在一定程度上对学校的管理效能产生了负面影响。

（三）机遇：政策支持与技术革新

1. 政策支持

随着国家对教育事业的高度重视和大力支持，我校迎来了诸多发展机遇，如教育部关于教育数字化转型的工作部署，为推进教育信息化建设提供了政策支持和方向指引；上海市和宝山区政府出台了一系列教育改革与发展政策，为学校的发展提供了有力保障。这些政策的实施为我校课程改革、教师队伍建设、教育资源配置等方面提供了很多支持和帮助，推动我校实现更高水平的发展。

2. 教育信息化发展

教育信息化是教育改革的重要方向。作为上海市第三批教育信息化应用标杆培育校之一，我校将抓住这一发展机遇，深入推进教育信息化建设，提升师生的信息素养和数字化应用能力。我校运用信息化手段实现教育资源的优化配置和共享利用，提高教育教学的质量和效率。

3. 社会资源的丰富与整合

我校地处宝山中心城区，拥有丰富的社会资源。因此，我校与周边的高校、科研机构、企业等建立良好的合作关系，为教育教学改革和教师专业发展提供有力支持；积极整合社区资源，开展社区教育活动，为学生提供更加广阔的学习和实践平台；与国内外友好学校开展交流与合作，拓宽国际视野，提升办学水平和国际影响力。

4. 社会对优质教育的需求

随着社会经济的发展和人民生活水平的提高，家长和社会对教育的重视程度越来越高，对学校的教育教学质量也提出了更高的要求。这为学校的发展提供了良好的社会环境和舆论支持。家长和社会对教育的重视也为学校在教育资源配置、教育教学改革等方面提供了更多的支持和帮助。学校通过加强与家长、社会的沟通合作，形成教育合力，共同推动学校的发展。

5. 集团化办学模式探索

集团化办学模式已成为当前教育改革的重要趋势之一。作为一所具有百年历史的名校，我校将积极探索集团化办学模式，采用资源共享、优势互补等方式推动区域内教育事业的均衡发展。通过集团化办学模式的探索和实践，我校将进一步提升自身的办学水平和社会影响力。

（四）挑战：竞争加剧与理念更迭

1. 教育市场竞争激烈

随着教育事业推进和人口数量攀升，周边地区学校数量显著增长、规模不断扩大。这导致学校间的竞争白热化，在争夺优质生源上竞争尤其激烈，生源分流问题也日益凸显。面对周边学校带来的竞争压力，我校须采取有效应对措施，提升综合竞争力与影响力，持续优化教学质量、师资力量，全面提升校园环境、丰富特色课程、加强学生服务等。

2. 社会对教育质量的高期望

家长和社会对教育质量的关注既是动力，也是挑战。这意味着学校在教育教学质量、学生综合素质培养等方面面临更高的要求和更大的压力，需要不断提升教育教学质量，满足家长和社会对教育的高期望，以赢得社会的认可和支持。

3. 教育改革与发展的不确定性

当前，教育改革与发展面临一些不确定性。教育政策的调整、教育改革的方向和力度的变化等，都可能对学校的发展产生影响。教育信息化的快速发展也给学校的教育教学工作带来了一些新的挑战和问题。因此，学校需要密切关注教育改革与发展的动态，及时调整发展战略和工作重点，以应对教育改革与发展的不确定性。

4. 学校发展的可持续性问题

学校在发展过程中不可避免地存在一些可持续性问题。随着学校规模的不断扩大，教育资源配置、师资队伍建设、教育教学管理等方面都面临着一定的压力。因此，学校需要不断探索和创新以保持发展的活力与动力，同时为了实现学校发展的可持续性，还需要注重节约资源和保护环境。

二、发展航标的目标设定

在时代的浪潮中，我校肩负着为党育人、为国育才的使命。立足当下，展望未来，依据宝山未来学校理念，我校结合实际情况，确定清晰明确的短期、中期和长期发展目标，为学校的发展描绘一幅宏伟的蓝图。

（一）短期目标：夯实基础促提升

"九层之台，起于累土。"短期内，我校将着重完善教学设施，强化师资培训，提升教育教学基础质量，为学校的长远发展筑牢根基。

1．完善教学设施

（1）智慧校园建设

我校持续推进"全场景数字校园"建设，升级智慧体育检测系统、智慧图书馆借阅系统、英语智慧口语系统等，确保所有教室均配备希沃智慧黑板、ClassIn 智慧黑板等现代化教学设备，同时引入更多智能化教学辅助工具，如虚拟教师机、交互式学习机等，为学生创造一个更加智能化、个性化的学习环境。

图 2-3　现代化教学设备

（2）跨学科学习空间

依据《关于进一步促进本市义务教育学校建设的实施意见》，我校将进一步打造匠心"智"造木工坊等多元化跨学科综合学习空间，配备先进的木工工具、实验器具、模型制作设备等，并结合信息技术，实现线上线下同步交互式学习。这些学习空间的建设满足了学生跨学科学习和综合实践活动的需求，有利于培养他们的动手实践、合作交流、自主探究的能力和素养。

（3）校园环境美化

我校充分利用新校舍的优势，对校园环境进行整体规划和设计，打造"宝小九景"，使校园的建筑风格、人文环境、办学特色、精神追求协调融合，让校园成为师生愉悦成长的精神家园。

2. 强化师资培训

（1）完善培训体系

我校依托现有的教师培训体系，结合教师专业发展的实际需求，进一步完善培训内容、形式和机制，如采用邀请教育专家来校引领学术沙龙、开展专题讲座和示范课展示等方式促进教师间的交流和研讨，以提升他们的专业素养和教学能力。

（2）推进"艺友制"培训

我校继续推进"艺友制"培训模式，以青年教师为主体，凭借导师引领、伙伴互助的方式，促进他们在教学实践中快速成长，同时加强对见习教师和职初教师的培训，用师徒结对、教学观摩、教学反思等手段，帮助他们尽快适应教育教学工作。

图 2-4 "艺友制"培训

（3）鼓励教师自我提升

我校鼓励教师积极参加各类教育教学竞赛和课题研究活动，凭借实践锻炼和理论研究相结合的方式，提升他们的专业素养和创新能力。支持教师参加高层次的培训和进修活动，拓宽他们的视野和知识面。

3. 提升教育教学基础质量

（1）加强教学常规管理

为进一步完善教学常规管理制度，我校加强对教师备课、上课、作业布置与批改、课外辅导等教学环节的检查和指导，确保教师能够严格按照教学常规要求开展教学工作。

（2）推进课堂教学改革

我校积极推进课堂教学改革，引导教师转变教学观念，创新教学方法，如问题导向教学法、小组合作学习法、项目化学习法等，构建以学生为中心的课堂教学模式，激发学生的学习兴趣和主动性，提高课堂教学效果。

（3）完善教学质量评价体系

为了进一步完善教学质量评价体系，我校建立了多元化的评价体系，综合考量学生的学业成绩、学习态度、学习能力等方面的表现，对教师的教学质量进行全面、客观、公正的评价，并加强评价结果的反馈和应用，及时发现问题，采取措施加以改进，促进教学质量的提高。

（二）中期目标：创新发展树特色

"惟创新者进，惟创新者强，惟创新者胜。"中期我校将在夯实基础的前提下，聚焦课程体系创新、校园文化建设，打造具有独特魅力的学校特色品牌，为学校的发展注入新的活力。

1. 创新课程体系

（1）完善"绿色地球村"课程体系

依托现有的"绿色地球村"项目，我校将进一步完善课程体系和教学内容，并运用跨学科的项目化学习把自然科学、生态环保、人文艺术、社会生活等多个领域的知识有机融合，培养学生的综合素养和创新能力。

（2）开发特色校本课程

我校结合办学特色和学生的实际需求，开发一批有特色的校本课程，如木工制作、人工智能、科技创新等，借助实践操作和项目学习激发学生的学习兴趣和创造力。

图 2-5　特色校本课程

（3）实施个性化教学

我校对学生学习数据进行收集和分析，了解他们的学习特点和个性化需求，为每位学生制订个性化的学习计划和教学内容，并利用现代信息技术手段，如智能助教、虚拟仿真实验等，为学生提供更加灵活多样的学习方式。

2. 加强校园文化建设

（1）传承百年校训

我校将继续传承"诚敬勤朴"的百年校训，借助校园广播、宣传栏、主题班会等多种途径，将校训精神融入师生的日常学习和生活，培养师生的诚信意识、敬业精神、勤奋态度和朴素作风。

（2）丰富校园活动

我校举办各类校园活动，如文化节、科技节、艺术节、体育节等，丰富师生的课余生活，提高他们的综合素质和创新能力，同时加强校际交流与合作，通过联合举办体育赛事、艺术展览等活动拓宽师生的视野和知识面。

（3）营造和谐氛围

我校注重构建和谐的师生关系，开展师生恳谈会、家长开放日等活动加强师生间的沟通与交流。为了加强对学生的心理健康教育，我校开设心理健康辅导室，组建心理咨询服务团队，为学生提供及时有效的心理支持和帮助。

（三）长期目标：卓越引领展宏图

"志之所趋，无远弗届。"长期来看，我校将致力于成为区域教育标杆，以卓越之姿引领未来教育发展方向，为教育事业的发展贡献智慧和力量。

1. 深化教育教学改革

（1）推进智慧教育

我校将充分利用现代信息技术手段推进智慧教育的发展，包括借助建设智慧校园、智慧课堂和智慧图书馆等实现教育教学活动的智能化和个性化，从而形成有特色的智慧教育模式。

（2）优化教学管理

为进一步完善教学管理体系和机制，我校将加强对教学过程的监控和评估，定期开展教学检查、听课评课和教学质量分析等，及时了解教学情况和存在的问题，并采取相应的措施进行改进和优化。

（3）加强科研引领

我校注重科研对教育教学改革的引领作用，积极申报和实施各类科研课题和项目，推动教育教学改革的深入发展，并加强科研成果的转化和应用，让科研成果转化为实际的教学效果和学生的学习成果。

2. 拓展教育资源

（1）加强校际合作

我校积极与周边学校和教育机构建立合作关系，采用资源共享、优势互补等方式提高办学水平和教育质量。

（2）拓展社会资源

为了充分利用社会资源为学校发展服务，我校与社区、企业和科研机构展开合作交流，拓展学校的教育资源和办学空间，从而加强对社会资源的整合和利用，为学校的发展提供有力的支持和保障。

（3）加强国际交流

我校通过与国际知名学校的交流与合作，引进先进的教育理念和教学模式，加强国际学生的招生和培养工作，提升国际影响力和竞争力。

3. 发挥示范引领作用，成为区域教育标杆

（1）加强品牌建设

我校注重学校品牌的建设和推广工作，采取加强与媒体的合作与交流、举办各类教育展览和论坛等方式提升学校的知名度和影响力，同时加强对学校品牌的维护和管理工作，保持学校的良好形象。

（2）推广先进经验

我校积极推广在教育教学改革和特色品牌建设等方面的先进经验，举办培训班、研讨会和讲座等将先进经验传授给其他学校和教育机构，并加强对其他学校的教育帮扶工作，帮助其提升办学水平和教育质量。

（3）引领未来发展

我校致力于研究和探索未来教育的发展方向，强化对新科技、新观念和新方法的学习与研究，掌握未来教育的发展路径和趋势，积极引导并推进未来教育的发展，为地方教育事业的兴旺和进步贡献更大的力量。

三、创新驱动的策略规划

在教育的征程中，创新是学校发展的核心动力。身处快速变革的时代，若想在教育领域持续领航，就必须坚定不移地走创新驱动发展之路。这不仅关乎学校的当下，更决定着学校的未来。面对教育教学模式的变革需求、师资队伍建设的新挑战、资源整合与合作发展的新机遇，我校积极谋划、深入思考，采取了一系列切实可行的策略：从创新教育教学，激发学生的无限潜能；到加强师资队伍建设，打造高素质

的教师团队；再到整合校内外资源，拓展合作发展空间，每一项策略都凝聚着对教育事业的热忱。

（一）创新教育教学策略

1. 推动课堂教学模式创新

（1）引入新型教学模式

我校将积极引入诸如翻转课堂、项目化学习、探究式学习等一系列新型教学模式和多样化的教学手段，彻底打破传统课堂教学模式的束缚和限制，从而有效激发学生的学习兴趣和积极性，使他们在学习过程中更加主动和投入；系统性地培养学生的自主学习能力和创新精神，让他们在探索和实践中不断提升自我。这些新型教学模式和手段的运用还将显著提升教学质量和水平，为教育教学改革注入新的活力。

（2）优化教学流程设计

在引入新型教学模式和手段的基础上，我校还将注重优化教学流程设计和实施过程，利用合理安排教学时间、精心设计教学内容、灵活运用教学方法等手段改善教学效果，同时加强对学生学习过程的监控和评估工作力度，及时发现并解决问题，对教学策略和方法作相应调整。

（3）加强师生互动交流

师生之间的互动交流是提高教学整体质量的关键性环节之一。为了进一步加强师生互动交流，我校着力于营造宽松且自由的学习氛围，并提供相应的环境条件，确保学生能够在无压力的状态下学习；鼓励学生主动参与课堂讨论和各类实践活动，勇敢地表达自己独到的观点和深层次的思考；密切关注每一位学生的个性差异及其个性化的发展需求，提供具有针对性的指导和支持服务，确保每位学生都能在适合自己的学习路径上不断进步和成长。

2. 教育数字化建设

（1）建设智慧校园

我校将充分利用现代信息技术手段建设智慧校园平台和校园环

境，利用物联网、大数据、云计算等先进技术手段提高校园管理智能化和自动化水平；建设智慧教室、智慧图书馆等新型教学空间和设施设备来提升教学和质量；建设在线教学平台和资源库等来拓展学生的学习时空。

（2）推广在线教学

在线教学作为一种新型的教学方式和手段，已经得到了广泛应用。为了推广在线教学并提升其质量，我校将完善在线教学平台和资源库建设；加强在线教学培训，提高教师专业素养和技术应用能力；关注学生的学习体验和反馈情况，及时调整教学策略和方法，满足其个性化需求和发展方向。

（3）加强数据驱动决策

数据驱动决策是现代管理科学的重要理念和方法之一。为了提高管理水平和效率，我校将收集并分析各类教育数据和信息资源；运用数据分析技术和工具对学生的学习情况及成果进行精准评估和预测分析；基于数据分析结果制订科学合理的教学策略、管理决策，以推动我校的持续创新与发展。

（二）师资队伍建设策略

1. 提升教师专业素养

（1）加强师德师风建设

师德师风是教师队伍建设的核心内容。为了树立良好的师德形象和社会声誉，我校将加强对教师的职业道德教育和培训工作力度，提升其职业素养和道德水平；建立健全师德考核和评价机制，对教师的师德表现进行定期评估和反馈指导；关注教师的心理健康状况并提供必要的心理支持和帮助服务。

（2）提升教学技能水平

教师的专业素养中，教学技能水平占据着关键地位。为了促进教师专业成长并增强其教学技能，我校将加大对教师教学技能培训和指导的力度，提高他们的教学能力和水平；举办各种教学竞赛和展示活动以激发教师参与教学创新和实践的热情；构建教学资源库和平台，为教师提供充足的资源和工具支持服务。

（3）加强科研能力培养

科研能力是教师专业素养的重要体现。为了提升教师的科研能力，推动教师科研创新的进程，我校鼓励教师积极参与科研项目和课题研究工作；组织各类科研培训和交流活动，为教师提供学习和交流的平台；建立科研成果奖励机制，激发教师的科研热情。

2. 实现"双升双降一高位"目标

"双升双降一高位"是我校师资队伍建设的重要目标和方向。"双升"指的是学历层次和能力水平的双重提升；"双降"指的是平均教龄和管理层年龄的双重下降；"一高位"指的是职称结构合理高位运行的状态和趋势。

（1）优化教师队伍结构

实现"双升双降一高位"目标的关键是改善教师队伍的构成。为了改善教师队伍结构，实现合理发展，我校将吸纳杰出人才和核心教师等新力量；增强对年轻教师的培养和发展，提高他们的专业素质和技能水平；建立完善的教师流动体系，优化并合理利用教师资源。

（2）加强教师培训和发展

教师培训和发展是实现"双升双降一高位"目标的重要途径。为了促进教师的专业成长，我校将完善教师培训体系和机制建设，提供多样化的培训资源和工具支持服务；组织各类教学竞赛和展示活动，激励教师积极参与教学创新和实践活动；建立教师成长档案和跟踪评估机制，对教师的成长历程和表现情况进行定期评估和反馈指导。

（3）建立健全激励机制

激励机制是推动教师队伍建设进程、激发教师工作积极性和创造性的重要手段。为了建立健全激励机制，我校将完善薪酬体系和福利待遇，提高教师的经济待遇和生活水平；建立健全荣誉表彰和奖励机制等，对表现优秀的教师进行表彰和奖励以激发其工作热情；关注教师的职业发展需求并提供必要的职业规划和指导服务。

（三）资源整合与合作发展策略

1. 整合校内资源

（1）优化教学设施配置

教学设施配置是校内资源整合的重要内容。为了优化教学设施配置，我校将对教学设施进行定期维护和更新改造，确保其正常运行；加强对教学设施的管理和监督工作力度，确保其合理使用和高效运行；关注新型教学设施和设备的发展趋势并适时引进，以推动我校的创新发展进程。

（2）加强课程资源整合

课程资源整合是校内资源整合的另一重要内容。为了加强课程资源整合，我校将对校本课程和特色项目进行梳理和整合，形成具有学校特色的课程体系；加强对课程资源的开发和利用，丰富学生的学习选择和发展方向；关注跨学科学习和实践活动的发展趋势并适时引入，以培养学生的综合素养和创新能力。

（3）推动师资队伍建设

师资队伍建设是校内资源整合的关键环节。为了推动师资队伍建设，我校将加强对教师的培训，提升其专业素养和能力水平；建立健全教师评价机制和激励机制，激发教师的工作积极性和创造性；关注教师的职业发展需求并提供必要的职业规划和指导服务，助推其持续成长和发展。

2. 加强校外合作

（1）建立校企合作机制

校企合作是实现学校与企业资源共享和优势互补的重要途径。为了建立校企合作机制并推动其深入发展，我校将与知名企业建立紧密的合作关系，共同开展教育创新和实践活动；加强对校企合作项目的管理和监督，确保其顺利实施和高效运行；关注新兴技术和产业的发展趋势并适时引入，以推动我校的数字化建设。

（2）拓展社区合作领域

社区合作是实现学校与社区资源共享和优势互补的重要途径。为了拓展与社区合作的领域，我校将与社区居委会、共建单位等建立紧密的合作关系并共同开展各类教育活动和项目；关注社区居民的需求和反馈，及时调整合作策略和方法；加强对社区合作项目的管理和监督，确保其顺利实施，进而扩充我校的教育资源。

（3）加强校际交流合作

校际交流合作是实现学校间资源共享和优势互补的重要途径。为了加强校际交流合作，我校将与周边学校建立紧密的合作关系并共同开展各类教育活动和项目；关注周边学校的发展动态和趋势，学习其先进经验和方法；加强对校际交流合作项目的管理和监督，确保其顺利推进，同时拓展我校的发展空间和影响力范围。

第三章

课程重构——塑造未来学校教育生态

10. 如何重塑课程理念？

11. 如何有效打破学科界限，实施分层教学和个性化定制，确保不同层次学生都能受益？

12. 智慧同侪课程的目标与定位是什么？

13. 如何构建多维度能力培养的课程内容体系？

14. 如何确保评价指标全面且科学，真实反映学生的学习过程和成果？

第一节 理念重塑：课程价值导向的设计者

在教育深刻变革的当下，要培养出适应未来的学生，就必须进行理念重塑，不能再局限于传统的教育模式，而要以面向未来的教育新思维构建课程体系。一方面，要树立未来导向的课程价值观，培养学生的关键能力，促进其全面发展与个性成长；另一方面，要遵循融合多元理念的课程设计原则，驱动创新、启迪智慧、回归教育本质、拓宽视野并借助技术赋能。唯有如此，教育才能在时代变革中勇立潮头，为学生的未来发展奠基。

一、未来导向的课程价值

在快速变化的 21 世纪，教育正面临着前所未有的挑战与机遇。我深知课程是学校教育的核心，是培养学生全面发展的重要载体。因此，我校在课程设计上始终秉持未来导向的课程价值观，致力于培养能够适应未来社会发展的学生。

（一）培养适应未来社会的关键能力

在科技迅猛发展和全球化深入发展的背景下，未来社会对人才的需求已经发生了深刻的变化。因此，课程必须培养学生适应未来社会发展所需的创新能力、批判性思维、问题解决能力、团队协作能力及跨文化交流能力等关键能力。

1. 创新能力

我校鼓励学生勇于探索未知领域，敢于提出新的想法和解决方案，并组织各种创新实践活动，如科技小发明、创意写作、艺术创作等，激发学生的创新思维和创造力，同时注重培养学生的动手操作能力，让他们在实践中不断探索、尝试和改进，从而逐步提高创新能力。

2. 批判性思维

在信息爆炸的时代，学会筛选、分析和评价信息至关重要。因此，要培养学生的批判性思维，让他们学会独立思考、理性判断。引导学生对问题进行深入探讨、多角度分析，鼓励他们提出疑问并反思，逐步培养他们的批判性思维能力。

3. 问题解决能力

面对复杂多变的问题，学生需要具备灵活运用所学知识、有效解决问题的能力。可以设计一系列具有挑战性的问题情境，让学生在实际操作中学会分析问题、制订方案、实施行动、评估结果，有效锻炼和提升问题解决能力。

4. 团队协作能力

未来社会需要更多能够与他人有效沟通、协作的团队成员。我校组织了丰富多样的团队活动，如校园足球赛、合唱比赛、小组科研项目等，让学生学会倾听他人意见、尊重他人观点，并能够与他人共同完成任务。

5. 跨文化交流能力

随着全球化的深入发展，跨文化交流能力已经成为未来社会人才的重要素养。我校积极开展国际交流活动，与国外学校建立友好合作关系；邀请国外师生来校交流访问，组织学生参加国际文化节、线上国际交流课程等。学生通过这些活动可以了解不同国家的文化习俗、价值观念，学会尊重差异、理解包容，提升跨文化交流的能力。

（二）关注学生的全面发展与个性成长

在课程设计上，我校始终坚持全面发展的教育理念，强调课程不仅要注重学生的学术成绩，更要关注学生的身心健康、社会责任感、审美情趣等方面的发展，同时尊重学生的个体差异，鼓励学生根据自身兴趣和特长进行个性化学习，实现自我价值的最大化。

1. 身心健康

身心健康是学生成长的基石。我校高度重视体育与健康教育课程，不仅开足开齐课程，还不断丰富课程内容。除了传统的体育项目，我校还开设了击剑、跆拳道、游泳等特色课程，满足不同学生的兴趣需求；配备专业的体育教师和先进的体育设施，为学生的体育锻炼提供保障。心理健康教育融入日常教学，借助心理健康课程、心理咨询室、心理拓展活动等手段关注学生的心理变化，帮助他们应对学习和生活中的压力与挑战，培养积极乐观的心态。

2. 社会责任感

作为社会的一员，学生需要具备强烈的社会责任感。我校在课程中引入社会热点话题、组织社会实践活动等，让学生了解社会现状和存在的问题，并引导他们积极思考，探讨解决方案，帮助学生增强对社会的认识和了解，进而培养起社会责任感和使命感。

3. 审美情趣

审美情趣的培养能够丰富学生的精神世界。我校重视艺术教育，开设绘画、书法、音乐、舞蹈等多种艺术课程，拥有专业的艺术教师团队和艺术场馆，为学生提供了良好的艺术学习环境，同时定期举办校园艺术节、艺术展览等活动，为学生提供展示才华的平台。在艺术课程的学习中，学生欣赏美、感受美、创造美，审美能力不断提升。

4. 个性化学习

每个学生都是独一无二的个体，都有自己的兴趣爱好和特长。教育者应尊重学生的个体差异，鼓励他们进行个性化学习。我校构建了丰富多样的拓展课程体系，涵盖科技、艺术、体育、人文等多个领域，学生可以根据自己的兴趣自主选择课程。对于在某一领域有特殊天赋的学生，我校提供个性化的培养方案，配备专业导师，为他们提供更多的学习资源和发展机会，助力他们在自己擅长的领域深入探索、不断进步。

二、多元理念的设计原则

课程设计是教育的核心，是实现教育目标的重要手段。当今的课程设计必须融合多元理念，以满足学生和社会的发展需求。

（一）创新驱动

创新是教育发展的动力和源泉。创新理念应贯穿课程设计的全过程，鼓励学生勇于创新、敢于尝试，培养他们的创新意识和创新思维。

课程内容的选择应紧跟时代步伐，引入前沿科技知识和创新成果，如我校在科学课程中增加了人工智能、量子计算等新兴领域的基础知识介绍，让学生了解科技发展的最新动态，同时将创新思维的培养融入教学方法，采用项目化学习、探究式学习等教学方式，让学生在自主探究、合作学习中发现问题、解决问题，激发创新灵感。

在校园文化建设方面，我校积极营造创新氛围，如举办科技节、创新大赛等活动，为学生提供展示创新成果的平台，又如设立创新奖励机制，对在创新方面表现突出的学生和教师进行表彰和奖励，激发师生的创新热情。我校还邀请各行各业的创新人才走进校园，举办讲座、开展交流活动，让学生近距离感受创新的魅力，汲取创新的力量。

（二）智慧启迪

仅有知识是不够的，教育应将传授知识与启迪智慧相结合，引导学生运用所学知识解决实际问题，培养他们的实践能力和综合素养。

在课堂教学中，教师不再是单纯的知识灌输者，而是学生学习的引导者和启发者。教师通过创设情境、提出问题，引导学生主动思考、积极探索。例如，在数学课堂上，教师可提出生活中的实际问题，如购物打折计算、旅行规划等，让学生运用数学知识进行分析和解决，并在这个过程中掌握数学知识，学会如何将知识运用到实际生活中，提高解决问题的能力。

我校还开展了跨学科实践活动，打破学科界限，让学生在综合运用多学科知识的过程中启迪智慧，如组织学生开展"校园生态环境调查"项目，学生需要运用地理、生物、信息技术等多学科知识对校园的植物、动物、土壤、水质等进行调查研究，并提出改善校园生态环境的建议。通过这样的活动，学生能够学会从不同的角度思考问题，整合多学科知识，从而提高综合素养和实践能力。

（三）回归"野性"

教育需要回归本质，关注学生的自然天性和内在需求。我校倡导课程回归"野性"，营造宽松自由的学习氛围，让学生在自然与社会的体验中获取知识、增长智慧。

在课程设置上，我校增加了自然教育和社会实践课程的比重，组织学生走进大自然，开展户外观察、野外探险等活动，让学生观察动植物的生长变化，探索自然现象的奥秘，感受大自然的神奇与美妙。我校还积极开展社会实践活动，让学生走进工厂、农村、博物馆、科技馆等场所，拓宽视野，增长见识。

我校注重打造自然化的校园环境，建设了生态花园、种植园、养殖园等，给学生提供亲近自然的机会。学生可以在校园里亲手种植花草树木、喂养小动物，参与自然生态的维护。通过这些活动，学生既能学到知识，又能培养对自然的热爱和敬畏之情。

教学中应充分尊重学生的个性差异和学习节奏，不搞"一刀切"，鼓励学生按照自己的方式去学习、去探索，让他们在自由宽松的环境中充分发挥潜能，展现自己的独特才华。

（四）视野拓展

在全球化的时代背景下，培养具有国际视野和跨文化交流能力的人才至关重要。我校通过课程内容的设计和教学活动的组织，拓宽学生的国际视野，提升他们的跨文化交流能力，使学生能够理解和尊重不同文化，具备全球竞争力。

在课程内容方面，我校增加了国际文化、国际经济、国际政治等相关知识的介绍，如在英语课程中，不只进行语言知识的教学，还引入丰富的英语国家文化内容，让学生了解不同国家的风俗习惯、价值观念、历史文化等，并开设国际理解教育课程，系统地向学生介绍世界各国的文化差异和国际社会的发展趋势。

在教学活动方面，我校积极开展国际交流活动，与国外学校建立友好合作关系，开展师生互访、线上交流等；组织学生参加国际文化节、国际学术竞赛等，让学生在与国外学生的交流合作中锻炼跨文化交流能力。我校还邀请国外专家学者来校举办讲座、开展培训，让学生接触国际前沿的教育理念和学术成果。

（五）技术赋能

现代信息技术的飞速发展为教育带来了新的机遇。因此，我校充分利用现代信息技术手段，丰富课程资源，优化教学过程，提高教学效率，为学生提供更加个性化、多样化的学习体验。

在课程资源建设方面，我校积极开发数字化课程资源，如在线课程、虚拟实验室、电子图书等。学生可以通过网络随时随地获取丰富的学习资源，满足不同的学习需求。我校还利用信息技术手段对课程资源进行整合和优化，构建智能化的课程资源平台，学生可以根据自己的学习情况和兴趣爱好，自主选择学习内容。

在教学过程中，可广泛应用多媒体教学、在线教学、人工智能辅助教学等技术手段。教师运用多媒体课件、教学视频等将抽象的知识形象化、生动化，提高学生的学习兴趣和学习效果。利用在线教学平台，能够实现"停课不停学"。我校还借助人工智能技术对学生的学习数据进行分析，为教师提供教学决策依据，实现个性化教学。

　　我校注重培养学生的信息技术素养，开设信息技术课程，让学生掌握基本的信息技术知识和技能，鼓励学生运用信息技术进行学习和创新，如制作电子手抄报、开展编程创作等，提高学生的信息应用能力和创新能力。

第二节　体系重构：多元课程架构的融合者

随着教育改革的不断深入，传统的课程模式已难以满足新时代人才培养的需求，课程体系的重构势在必行。我校的教育目标是培养具有综合素养、创新能力和社会责任感的学生，这就要求课程架构必须实现多元融合。基础课程需要创新融合，打破学科壁垒，关注学生个体差异；拓展课程要多元拓展，提供丰富多样的学习体验；探究课程要深度挖掘，培养学生的自主探究与实践能力。

一、基础课程的创新融合

在基础教育阶段，课程的设计与实施直接关系到学生知识体系的构建与能力的培养。在基础课程的创新融合方面，我校进行了深入的探索与实践，不断尝试将最新的教育理念和技术手段融入课程，力求在保持知识体系完整性的同时，提升学生的学习兴趣和实际应用能力，达到最佳的教育效果。

（一）学科融合与知识整合

传统教育体系内的学科之间往往存在壁垒，导致学生难以形成跨学科的综合思维能力。我校打破传统学科界限，加强学科之间的横向联系，通过主题式学习、项目化学习等方式，将不同学科的知识有机融合。

1. 主题式学习

主题式学习是一种以学生为中心的教学模式，围绕某一特定主题或问题将多个学科的知识进行有机整合，从而展开深入的教学活动。我校采用这种学习模式，充分考虑学生的个人兴趣和当前社会的热点问题，设计多个跨学科的主题学习活动，以全面提升学生的综合素质。

以"环保小卫士"这一主题活动为例。学生在活动过程中不仅能深入学习自然科学领域关于环境保护的基础知识和原理，还能广泛涉猎社会科学中的环保政策、法律法规等内容，并结合语文学科练习撰写环保宣传文案，将环保理念以文字的形式生动表达出来。通过这一系列的学习和实践，学生系统地掌握了跨学科的知识体系，综合思维能力得到了显著提升，解决问题的能力也得到了有效锻炼。这种主题式学习的模式真正实现了知识的融会贯通，有利于实现学生的全面发展。

2. 项目化学习

项目化学习即引导学生参与一个长时间的研究项目并在实践中学习和运用知识的教学方法，强调学生在实际操作中获取和巩固知识，培养其综合能力。我校鼓励教师结合各自的学科知识，设计既具有挑战性又富有实践性的项目任务，以激发学生的学习兴趣和探究精神。

如"校园绿化改造"项目，学生在生物教师的专业指导下详细调查了校园内植物的种类及其生长环境，了解不同植物的生长习性；在数学教师的帮助下计算绿化所需的面积及所需植物的具体数量，确保绿化方案的可行性和科学性；在美术教师的引导下充分发挥创意，设计美观且实用的绿化景观布局。学生在项目过程中深入学习了生物、数学和美术等多学科知识，并在实际操作中锻炼了团队协作能力、问题解决能力和创新能力，全面提升了个人的综合素质。

（二）分层教学与个性化课程定制

每个学生都是独一无二的个体，他们的学习能力、兴趣爱好和未来发展方向各不相同。我校根据学生的具体情况实施分层教学和个性化课程定制，为不同层次的学生提供差异化的教学内容和学习支持。

1. 分层教学的实施

分层教学是一种根据学生学习能力和水平进行分组教学的教学模

式。我校在分层教学的实施中，注重科学合理地划分学生层次，制订差异化的教学目标和教学计划，如在数学课上将学生分为基础组、提高组和拓展组三个层次。基础组的学生主要学习基础知识和基本技能；提高组的学生在掌握基础知识的基础上，进一步学习一些拓展性的知识和技能；拓展组的学生则主要进行探究性和创新性的学习。教师针对不同层次的学生设计不同难度的作业和练习题，确保每个学生都能在原有基础上取得进步。

在实施分层教学的具体过程中，我校不仅重视教学策略的优化，还特别注重教师的专业培训和具体指导。为了确保分层教学的有效推进，我校定期组织教师开展分层教学专题研讨和经验交流活动，教师可以分享各自在教学实践中的宝贵经验和心得体会，互相借鉴，共同进步。我校还积极邀请教育领域的专家学者举办一系列专题讲座和系统培训活动，意在全面提高教师的专业素养和实际教学能力。通过这些综合措施的有力实施，我校的分层教学工作取得了显著的成效，教师的教学水平得到大幅提升，学生的学习积极性和学业成绩都有明显提高，整体教学氛围和学习效果均呈现出积极向好的态势。

2. 个性化课程定制

除了实施分层教学这一策略外，我校还充分考虑了每位学生的独特兴趣爱好及其未来发展的潜在方向，推出了独具特色的个性化课程定制服务。为了满足学生多样化的学习需求，我校策划并开设了一系列丰富多彩的选修课程，学生可以根据自己的兴趣和喜好自由选择能够激发学习热情的课程进行深入学习和探索。

每个学生都有其独特的才能和兴趣，我校特别为那些在某些领域展现出特殊才能和浓厚兴趣的学生量身定制了个性化的培养方案，如为对编程充满热情的学生专门成立编程兴趣小组，并邀请在编程领域有着丰富经验和深厚造诣的专业教师对学生进行细致指导和点拨；给在绘画方面表现出众的学生提供设施齐全、氛围浓厚的艺术工作室，让他们能够在这样一个充满创意和灵感的环境中尽情挥洒自己的艺术才华，自由地进行各种艺术创作。这样的个性化培养能够更好地挖掘和培养学生的潜能，助力他们在各自感兴趣的领域取得更加优异的成绩。

二、拓展课程的多元延展

在基础课程之外，我校还注重拓展课程的多元延展，为学生提供更加广阔的学习空间和更加丰富的学习体验，如开发特色主题课程、构建多元选修课程体系，努力满足学生的多样化学习需求。

（一）特色主题课程开发

特色主题课程是我校拓展课程的重要组成部分。我校结合地域文化、历史传统、师资优势和学生的兴趣需求开发具有本校特色的主题课程和活动套餐。开发特色主题课程时，我校注重挖掘学校的历史文化和地域特色资源，打造具有独特魅力的课程体系。

1. "宝小讲堂" 特色活动

"宝小讲堂"是我校的一项特色活动，即邀请各行各业的专家学者和优秀校友来校举办讲座和交流活动，为学生提供一个了解社会、拓宽视野的平台。我校结合学校的地域文化和历史传统资源，邀请宝山区的历史文化学者来校进行"宝山历史文化"专题讲座，邀请环保部门的专家来校进行"环境保护与可持续发展"专题讲座等。这些讲座和活动让学生了解了宝山区的历史文化和地域特色资源，也培养了他们的文化素养和社会责任感。

除了邀请专家学者举办讲座和交流活动外，"宝小讲堂"还结合学生的兴趣需求和未来发展方向进行课程定制和开发。我校结合学生对科技创新的兴趣需求开设"科技创新与未来生活"主题课程，结合学生对艺术创作的兴趣需求开设"艺术创作与审美提升"主题课程等。这些特色主题课程的开发和实施，满足了学生的多样化学习需求，培养了他们的兴趣爱好和特长技能。

2. 党建 + 书香校园建设

作为一所承载着悠久历史和深厚文化底蕴的学校,我校始终坚定不移地将党建工作的核心要义与书香校园建设的深远目标紧密融合,积极策划并组织了一系列丰富多彩的读书活动,以激发广大党员教师和学生的阅读热情。活动包括定期举办读书分享会,鼓励师生深入研读经典著作,撰写并交流各自的读书心得;搭建阅读交流平台,让大家有机会分享彼此的阅读体会和感悟,在校园内营造浓郁而持久的阅读氛围等。

为了进一步深化党建工作的内涵,我校将书香校园建设与主题党日活动有机结合,策划并实施了一系列富有教育意义且独具特色的阅读推广活动。我校在每年的"七一"建党节这一重要时间节点都会组织开展"红色经典诵读"主题活动。活动中,学生声情并茂地诵读红色经典诗文,感受革命先烈英勇无畏的事迹和崇高伟大的精神,在潜移默化中接受爱国主义教育的洗礼,坚定理想信念,增强历史责任感和使命感。这些活动的成功举办,不仅丰富了校园文化生活,也为我校的党建工作注入了新的活力和内涵。

3. 亲子马拉松活动

亲子马拉松活动是我校的一项特色活动。在策划与实施亲子马拉松活动的过程中,我校注重将家庭教育与体育教育相结合,通过组织家庭参与让学生和家长一起感受运动的快乐和魅力;还将活动与学校的教育教学工作相结合,以活动推动学校的高质量发展。

活动策划充分考虑学生的年龄特点和运动能力水平,设计了适合不同年龄段学生的赛道和赛程;兼顾活动的安全性和趣味性,设计了一系列趣味性的游戏和挑战环节,让学生和家长从中感受到快乐和成就感。在活动的实施阶段,我校充分发挥学校党支部和团组织的作用,组织教师和学生志愿者进行活动的筹备和组织工作,还积极寻求家长和社会各界人士的支持或赞助，为活动的顺利进行提供有力保障。

亲子马拉松活动不仅增强了学生的体质和运动能力，还促进了家庭成员之间的沟通和交流，增进了家庭成员之间的感情，同时推动了我校的高质量发展，提升了我校的知名度和影响力。

4. 特色主题节日活动

我校紧密结合各种传统节日和重要的纪念日，策划并推出了一系列富有特色且主题鲜明的节日庆祝活动。学生在"中秋节文化体验活动"中不但有机会动手制作美味的月饼，还能参与趣味盎然的猜灯谜游戏，在皎洁的月光下赏月，深刻感受中华传统文化的独特魅力和深厚底蕴；在"世界地球日环保宣传活动"中亲手设计并制作环保主题的海报，积极参与环保知识讲座，提升自身的环保意识，增强作为社会一员的责任感和使命感，为构建绿色和谐的社会环境贡献力量。

（二）多元选修课程体系建设

为了满足学生的多样化学习需求，我校构建了涵盖多个领域的选修课程体系供学生选择。

1. 艺术选修课程

艺术是人类文明中的瑰宝，承载着悠久的历史文化。为了全面提升学生的艺术素养，我校设计了涵盖绘画、音乐、舞蹈等多个领域的艺术选修课程，为学生提供了一个多元化、个性化的艺术学习平台。

在绘画课程中，学生系统地学习线条运用、色彩搭配及构图技巧等，经过不断地实践与探索，逐步掌握基本的绘画技能，进而形成独特的艺术表现力，在画布上尽情挥洒自己的创意与灵感。在音乐课程中，学生通过歌唱、乐器演奏等多种形式深入感受音乐的无限魅力，体会音符间的情感流淌，学会用音乐语言表达内心的情感与思想。在舞蹈课程中，学生灵活运用身体语言，学习各种舞蹈动作和编排技巧，体验舞蹈的美感和韵律感，在舞蹈中释放自我，提升身体的协调性和表现力。通过这些丰富多彩的艺术课程，学生能够在艺术的海洋中畅游，还能在潜移默化中提升自身的审美能力和创新思维。

2. 体育选修课程

体育是强健体魄、增强体质的有效手段，更是磨炼意志、培养坚韧品格的重要途径。为了全面提升学生的综合素质，我校开设了包括足球、篮球、乒乓球在内的多种体育选修课程。丰富多彩的运动实践不仅能够让学生有效锻炼身体，增强体质，而且能在团队合作中培养默契，提升团队协作精神。学生在足球课程中系统学习传球、射门、防守等基本技巧，逐步掌握足球运动的基本规则和战术运用，从而能够在实战中灵活应对各种局面；在篮球课程中反复训练运球、投篮、配合等关键技巧，不断提升篮球运动的技能和水平，增强团队的整体战斗力；在乒乓球课程中不断练习发球、接球、对攻等技巧，深刻感受乒乓球运动的独特乐趣和挑战性，激发对体育运动的热爱。这些课程的系统学习和实践让学生在运动中收获健康，在团队合作中培养坚韧不拔的意志和积极向上的精神风貌。

3. 人文社科选修课程

人文社会科学是深入了解社会结构、全面认识世界本质的关键途径。为了全面提升学生的综合素质和认知能力，我校设计并开设了涵盖历史学、地理学、政治学等多个领域的人文社科选修课程体系，让学生拓宽学术视野，增长见闻，提升综合素养。

学生在历史课程中系统性地回顾和探究历史上的重大事件和杰出人物，深入剖析事件动因和人物影响，进而逐步掌握历史发展的内在脉络和演变规律，形成对历史进程的全面理解；在地理课程中系统学习地理学科的基础知识，掌握地图阅读和分析的基本技巧，从而更加全面地了解地球的自然环境和丰富多彩的人文景观；在政治课程中深入探讨不同政治制度的运作机制和特点，了解政治生活的多样性和复杂性，从而提升自身的政治素养，逐步培养起作为公民应有的责任意识和社会责任感，为将来更好地参与社会生活奠定坚实的基础。

4. 科学技术选修课程

科学技术是推动社会不断进步和持续发展的重要力量。为了让学生充分掌握科技领域的知识和技能，发展创新思维，提升实际操作能力，我校开设了包括编程、机器人、科学实验在内的多种科学技术选修课程。学生在编程课程中系统学习多种编程语言，深入探讨算法设计的核心原理，从而全面掌握计算机编程的基础方法和实用技巧；在机器人课程中动手进行机器人的组装、编程及调试，深入了解机器人的工作原理及其在各个领域的广泛应用；在科学实验课程中进行实验操作和细致的数据分析，逐步掌握科学实验的基本方法和关键技能，为未来的科学研究奠定基础。

三、探究课程的深度挖掘

我校始终在探索如何构建更具深度与活力的课程体系以满足学生成长的多元需求。探究课程作为培养学生综合素养的重要载体，对于学生的未来发展意义深远。

（一）推进探究性学习课程

1. 理念引领，筑牢课程根基

探究性学习课程的核心在于激发学生的好奇心和求知欲，引导他们主动探索未知世界。这一课程理念与传统教学模式截然不同，它强调学生的主体地位和教师的角色转变。在传统课堂上，教师往往是知识的传授者，学生则是被动接受的容器。而探究性学习课程中的教师更多地扮演着引导者、组织者和合作者的角色，为学生提供必要的支持和帮助，让学生在自主探究的过程中获取知识、提升能力。

为了确保全体教师都能深刻理解这一理念并将其贯彻到教学实践中，我校定期组织教师培训和研讨活动，如邀请教育专家来校讲座，解读探究性学习课程的内涵、特点和实施策略；开展校内研讨课、示范课活动，让教师在相互交流和学习中不断深化对探究性学习课程的认识，提升自身的教学水平。

2. 选题多元，贴近学生生活

探究性学习课程的选题至关重要，它直接关系到学生探究的积极性和课程实施的效果。我校鼓励教师引导学生从身边的生活实际出发，选取具有现实意义和探究价值的课题，既可以是学科知识的拓展和延伸，也可以是社会热点问题的探讨，还可以是学生感兴趣的自然现象或生活现象的探究。

如在自然科学领域，学生可以选择探究"校园植物的多样性及其生长环境""水资源的利用与保护"等课题；在人文社会科学领域，学生可以探究"社区文化传承与发展""校园欺凌现象的成因及对策"等课题。这些课题紧密联系学生的生活实际，能够让学生在探究过程中感受到知识的实用性和趣味性，从而激发他们的探究热情。

3. 环节严谨，培养综合能力

探究性学习课程的实施环节主要包括自主选题、资料收集、方案设计、实践操作和成果展示等。每个环节都有其独特的教育价值和功能，缺一不可。

自主选题环节中，教师要引导学生根据自己的兴趣爱好和生活经验确定课题，并帮助学生明确课题的研究目标和意义。

资料收集环节中，学生需要通过图书馆查阅、网络搜索、实地调查、访谈等多种途径收集与课题相关的资料，并对资料进行整理和分析。这一过程能够培养学生的文献检索能力、信息筛选能力和批判性思维能力。

方案设计环节要求学生根据收集到的资料制订详细的探究计划，包括研究方法、步骤、时间安排等。这一环节能够培养学生的规划能力和逻辑思维能力。

实践操作环节是探究性学习课程的关键环节。学生需要按照方案设计进行实际操作，通过实验、观察、调查等方法获取第一手资料，并对资料进行分析和处理。这一过程能够培养学生的动手实践能力、科学探究能力和创新思维能力。

成果展示环节即学生将探究成果以报告、论文、展示板、多媒体等形式呈现出来,与同学、教师和家长分享交流。这一环节能够培养学生的表达能力和团队协作能力,也能够让学生体验到探究成功的喜悦和成就感。

4. 评价多元,激励学生探究

评价是探究性学习课程的重要组成部分,它不仅能够对学生的探究成果进行检验和反馈,还能够对学生的探究过程进行指导和激励。我校构建了多元化的评价体系,从多个维度对学生进行评价。

一是过程性评价,主要关注学生在探究过程中的表现,如参与度、合作情况、探究方法的运用等;二是成果性评价,主要评价学生的探究成果,如报告的质量、创新性等;三是自我评价,鼓励学生对自己的探究过程和成果进行反思和总结;四是同伴评价,让学生相互评价,相互学习,共同进步;五是教师评价,教师根据学生的表现和成果给予客观、公正的评价,并提出针对性的建议和指导。

多元化的评价体系能够帮助教师全面、客观地了解学生在探究性学习课程中的表现,及时发现学生的优势和不足,为学生提供个性化的指导和帮助,激励他们不断探究,提升探究性学习课程的质量和效果。

(二)实施社会实践课程

1. 拓宽渠道,丰富实践资源

社会实践课程是学生了解社会、接触自然、体验生活的重要途径。为了让学生在实践中获得更丰富的体验和感悟,我校积极拓宽社会实践渠道,整合校内外资源,为学生打造多样化的实践平台。

校内充分利用校园设施和资源开展各类实践活动,如组织学生参观校园文化长廊,了解学校的历史和文化;开展校园环保行动,让学生亲身体验环境保护的重要性；举办校园科技节、艺术节等活动，为学生提供展示才艺和创新成果的舞台。

校外积极与社区、企业、博物馆、科技馆等单位合作，建立社会实践基地，包括组织学生到社区开展志愿服务活动，如关爱孤寡老人、义务清洁等；到企业参观学习，了解现代企业的生产流程和管理模式；到博物馆、科技馆等场所开展科普教育活动，拓宽学生的视野，激发学生的学习兴趣。

2. 精心设计，增强实践效果

社会实践课程的实施需要精心设计和组织，才能确保学生在实践中获得良好的教育效果。活动设计应基于学生的年龄特点和认知水平，确定活动目标和任务，让学生在实践中有所收获、有所成长。

社区志愿服务活动不仅要求学生完成规定的服务任务，还鼓励学生与社区居民进行交流和互动，了解他们的生活状况和需求，培养学生的社会责任感和关爱他人的品质；企业参观学习活动安排专业的讲解员为学生讲解企业的生产流程和技术创新，让学生了解现代企业的发展趋势和对人才的需求，激发学生的学习动力和创新意识。

3. 强化指导，确保实践安全

在社会实践课程的实施过程中，学生的安全是首要考虑的因素。我校高度重视学生的安全教育和管理，制订了详细的安全预案和保障措施，确保学生在实践过程中的安全。

实践活动前要对学生进行安全教育，强调安全注意事项，提高学生的安全意识和自我保护能力；活动过程中安排教师和工作人员全程陪同，对学生进行指导和管理，及时发现和解决可能出现的安全问题；活动结束后要进行安全总结和反馈，让学生吸取经验教训，进一步提高安全意识。

4. 反思总结，提升实践价值

社会实践课程的价值不只在于让学生在实践中获得体验和感悟，

更在于让学生通过反思和总结，将实践中的所见所闻、所思所想转化为自身的成长动力。因此，每次实践活动结束后都要组织学生进行反思和总结，让学生分享自己的实践心得和体会，探讨实践中的问题和解决方案。

学生通过反思和总结能够更加深入地理解社会实践的意义和价值，明确自身的社会责任和使命，从而激发学习动力和创新精神，提升社会实践课程的教育效果和价值。

第三节 内容创新：智慧同侪课程的应用者

当今教育数字化转型已成为不可阻挡的趋势。教育工作者肩负着为未来社会培养创新型、复合型人才的重任。在此背景下，我校积极探索"绿色地球村"智慧同侪课程的实践，希望通过课程内容创新，为学生提供更加优质、高效的教育。

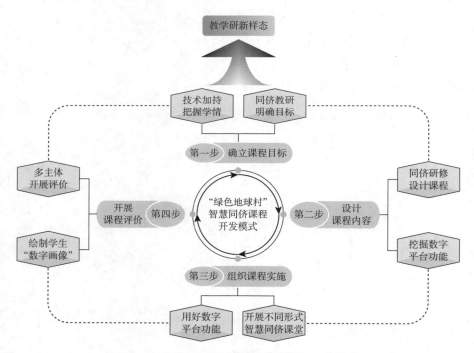

图 3-1 "绿色地球村"智慧同侪课程开发模式

一、课程标准的定位设计

（一）基于未来教育需求的课程定位

随着时代的飞速发展，未来社会对人才的要求愈发多元和严苛。创新能力、跨学科素养和全球视野成为衡量人才的关键标准。我校的

"绿色地球村"智慧同侪课程，紧密围绕宝山未来学校培养创新型、复合型人才的目标，定位为适应社会快速发展、科技不断进步的前瞻性课程。

　　在当今科技主导的时代，创新能力是推动社会进步的核心动力。智慧同侪课程结合一系列富有创新性的教学活动和项目，激发学生的创新思维。如"藏在木头里的中国智慧"课程中，学生深入探究榫卯技艺，学习传统工艺，并尝试运用现代技术进行创新设计，制作出融合传统与现代元素的榫卯作品。

图 3-2　学生学习榫卯技艺

　　在这一过程中，学生学会从不同角度思考问题，突破传统思维的束缚，积极探索新的设计理念和制作方法，培养了创新精神和实践能力。

"藏在木头里的中国智慧"课程

　　本课程依托榫卯这一蕴含深厚文化底蕴与精湛工艺美学的传统技艺，精心策划了一系列跨学科、综合性的学习活动。课程鼓励学生围绕"如何创新性地策划并举办一场校园榫卯艺术展"这一核心问题，主动求索，深入探索榫卯的历史脉络、多样形态、实用功能及其广泛影响，并亲手设计、拼接制作榫卯作品，最终以一场别开生面的校园展览向同窗展示榫卯文化的魅力。这一过程加深了学生对传统工艺的理解与尊重，更显著提升了他们的提问质疑和实践创新能力。

　　课程选取中国非物质文化遗产——榫卯技艺作为学习核心，利用项目化学习的方式引导学生勇于提出问题，主动探究，深刻体会榫卯中蕴含的中国智慧，从而点燃他们对传统文化的热爱之火，培养传承意识。为增强课程的专业深度，我校还特别邀请"上海工匠"顾惠明老师作为校外辅导专家，为学生带来专业的指导。

　　课程不仅注重传统文化的传承，更致力于将其与现代科技融合。通过智慧教室、数字化资源、AI辅助教学等现代技术手段，为传统木艺教学注入新鲜血液，使古老技艺焕发新生，实现了传统与现代的鲜明对比与和谐共生。这种跨界融合的教学模式不仅能拓宽学生的视野，更能激发他们对传统文化的自豪感，让学生在"穿越时空"的体验中，感知古代匠人的智慧与技艺，享受沉浸式学习的乐趣与成效。

　　通过本课程，学生不仅提升了问题解决与创新的能力，还深化了对榫卯技艺历史、结构及其在现代社会应用的认识，增强了对家乡的热爱、对传统文化的保护意识和对民族文化的自信心与自豪感。

　　跨学科素养也是未来人才必备的能力。现实世界中许多问题的解决都需要综合运用多学科知识。智慧同侪课程涵盖全学科领域，含有大量跨学科内容，打破学科界限。以"点绿长江行动"课程为例，学生在课程中既要运用自然科学知识了解长江的生态环境，又要从道德与法治的角度思考环境保护的意义和责任，还要通过社团活动等形式将环保理念付诸实践，如制作宣传海报、组织环保公益活动等。学生在课程中能够学会整合不同学科的知识和方法，提升跨学科解决问题的能力。

"点绿长江行动"课程

　　本课程是我校"绿色地球村"大课题下的一门跨学科综合性活动课程，集结班主任、道德与法治、自然、社团等骨干教师共同开发课程，围绕"如何呼吁更多人加入保护长江的行动"这一问题展开综合实践活动，以应聘长江保护志愿者为目标，引导学生合作探究学习，帮助学生在探究的过程中了解长江的现状，感受环保的紧迫性和重要性；让学生在小组合作调查探究中初步了解公益行动；在策划和践行行动中培养学生探究和合作解决问题的能力，提升环保的意识和责任担当。

全球视野同样不可或缺。在全球化进程加速的背景下，学生需要了解不同国家和地区的文化、科技发展等情况，才能更好地融入世界。"绿色地球村"课程中的"绿色未来"课程群着眼于全球视野下的科技创新与未来生活。比如"种子智培计划"，让学生关注国内的农业科技发展，与国际上的相关研究进行对比，了解全球在种子培育领域的前沿动态，培养学生的全球视野和国际竞争力。

"种子智培计划"课程

本课程以跨学科项目化学习的形式开展，注重培养学生的提问质疑能力和实践创新能力。学生在种植薄荷活动的过程中，基于"种子发芽率不高、幼苗存活率低"的真实情况开展跨学科项目研究，并围绕"如何为种子设计一个 24 小时无人看管的家"这一学生自主提出的问题展开小组头脑风暴，确定子问题和子任务。学生以提高种子的发芽率为目标，观察种子发芽情况，了解种子发芽所需的条件及要求，并综合考虑种子发芽的条件及幼苗生长的需求，选取适合的材料设计育种箱。学生在线上学习空间开展小组讨论，学习运用人工智能优化育种箱的基础功能，使其具有良好的实用性、功能性及便利性。

学生的创造性主要体现在运用人工智能自主设计制作育种箱的过程中。学生对于植物生长过程中人工辅助的概念及作用、如何设计产品有了更深的理解。学生在这个项目中需要经历的学习历程是：认识种子—了解种子发芽的条件—讨论如何为种子发芽提供有利条件—设计育种箱外观—尝试运用人工智能优化育种箱—通过实验对比验证种子的发芽率是否提高—学习如何介绍育种箱—召开育种箱产品发布会。

（二）融合多元教育理念的设计思路

"绿色地球村"智慧同侪课程的设计思路融合了智慧教育、同侪学习、项目化学习、跨学科学习等多元教育理念。这些理念的融合是为了打破传统教育的界限，创造一个开放、互动、创新的学习环境。

1. 智慧教育

智慧教育是指依托物联网、云计算、大数据、人工智能等新一代信息技术所打造的物联化、智能化、感知化、泛在化的新型教育形态。在智慧同侪课程资源建设中，我校利用"科大讯飞"的智慧课堂系统，根据学生的学习数据和行为分析，为学生推荐个性化的课程资源。例如，对于在科学知识学习方面表现出浓厚兴趣的学生，系统会推送更多相关的拓展阅读资料、趣味实验视频等，满足学生的个性化学习需求，提高学习效果。

2. 同侪学习

同侪学习是指学生之间相互学习、相互支持的学习方式。"绿色地球村"课程鼓励学生之间的同侪协作，如以小组讨论、合作探究等方式共同解决问题、完成任务。这种学习方式能够优化学生的学习效果，还能够培养他们的团队合作能力和沟通能力。

3. 项目化学习

项目化学习以真实的项目为载体，让学生在实践中学习和成长。智慧同侪课程中的众多课程都采用项目化学习模式，如"几何图形巧收纳"课程中，学生需要经历问题提出、方案设计、实践操作、成果展示等环节，通过亲身体验深入理解知识，提高解决实际问题的能力。

"几何图形巧收纳"课程

本课程作为"绿色校园"系列板块的重要组成部分，紧密贴合小学高年级学生的生活经验与社会生活实际，以项目化学习的独特形式精彩呈现，在建设绿色校园的画卷上留下了浓墨重彩的一笔，也为学生的全面发展与成长奠定了基础。

数学组与劳动技术组的教师携手，充分利用线上线下混合式同侪教研的创新模式深入开发课程。数学教师引导学生进行观察、操作、猜想、推理、交流等丰富多元的活动，用充满趣味与挑战的数学活动引导学生学会从数学的独特视角敏锐地观察事物、深入地思考问题，进而有效激发了他们对小学数学学习的浓厚兴趣与热情。劳技教师则鼓励学生充分发挥创意与智慧，选择并利用合适的废旧环保材料精心设计制作实物收纳箱。

本课程聚焦于巧妙运用几何图形这一关键要素，强调在过程中培养学生自身的问题解决能力，使其在面对各种复杂的实际问题时能够迅速分析、果断决策并成功解决。学生初步学会从宏观层面统筹安排、合理布局，动手操作能力也得到了锻炼，双手变得更加灵巧，能够将脑海中的创意构思精准转化为实际的精美作品。

通过本课程的深入学习与实践，越来越多的学生以饱满的热情与昂扬的斗志，为打造清新宜人的绿色教室、构建充满生机与活力的绿色校园贡献着自己的智慧与力量。

4. 跨学科学习

跨学科学习打破学科壁垒，促进知识的融合与应用。如前所述，智慧同侪课程中有大量课程涉及跨学科内容。例如，"跟着土豆去旅行"课程以小小的土豆为切入点，跨自然、数学、道德与法治、英语等多个学科，实现多学科知识的融合与拓展。

"跟着土豆去旅行"课程

本课程通过小剧场的形式展现中国的饮食特点，需要多项技能与知识的组合方能完成，以培养学生的"地球村"理念、增强学生的文化自信为核心，提高学生的探究能力。

一如国外有众多"中国制造",在我国也有很多的"舶来品"。这些食物或者材料不但早已融入我们的日常生活,而且还在做着"本土化"的演变。一个小小的土豆也可以代表"地球命运共同体",各个地区的不同口味则反映出气候、人文、风俗甚至民族的差异性。这一课程活动能够加强学生对中华传统文化的认知。

本课程具有真实性和可操作性,以一个小小的土豆为起点,跨学科结合自然、数学、道德与法治、英语等多个学科,形成一系列的学习,关注学生语言能力、学习能力、文化意识、思维品质的提升。本课程也具有实时性,结合实际问题,在学生看腻、吃腻土豆的时候,教师不断引导学生自主探索,并结合八大菜系这一美食传统,融入思想文化教育。

课程充分利用导师互动模式,运用 ClassIn、未来宝、腾讯会议等平台以技术赋能教学,促进线上师生之间、生生之间、师师之间的互动,增强益友互助的实效性,提升学生学习的获得感。

在成果规划环节,学生纷纷出谋划策,其中有担任美术编辑、视频制作的电脑"大神",也有参与美食制作的"大厨",还有不少"小戏骨",大家各显神通。课程提升了学生在团队中的协作能力。正是因为这样的通力合作,最后的成果展示才能让人耳目一新,惊喜连连。

二、课程内容的资源建设

(一)多维度能力培养的课程内容体系

"绿色地球村"智慧同侪课程围绕八大能力维度构建内容体系,目的是培养学生的综合素养和创新能力。这八大能力维度包括发展规划能力、问题解决能力、动手操作能力、观察分析能力、提问质疑能力、实践创新能力、合作交往能力、语言表达能力。

1. 发展规划能力

课程设置了一系列培养发展规划能力的项目和活动。例如,在

"一秒钟的改变"课程中，学生基于学习时间管理、信用建设和财富积累的知识制订个人的时间规划和理财计划，在这个过程中学会明确目标、制订步骤，并根据实际情况调整计划，提升发展规划能力。

图 3-3　宝山区实验小学"绿色地球村"课程内容体系

"一秒钟的改变"课程

本课程致力于通过创新的财商教育方式，引导小学生深入领悟"时间 + 信用 = 财富"的"大富翁公式"。本课程摒弃传统的教、学、研模式，转而采用师生创新教学与学生自主学习相结合的方式，激发学生的学习兴趣和探索精神。学生通过时间的积累和信用的建立能够逐步积累财富，为未来的人生奠定基础。

教师在课程中扮演引导者和伙伴的角色，与学生共同探索时间管理、信用建设和财富积累的奥秘。通过案例分析、小组讨论和角色扮演等互动环节，学生自主发现知识并形成自己的见解。同时，教师鼓励学生利用课余时间进行自主学习，如通过阅读相关书籍、观看纪录片等方式拓宽视野，深化理解。

本课程围绕"时间管理""信用建设"和"财富积累"三大核心主

题展开。通过生动的故事讲解、趣味游戏和角色扮演等活动，学生将学会如何高效利用时间，理解时间的宝贵价值。同时，教师还将教授学生如何建立和维护良好的信用记录，让他们明白信用在财富创造中的重要性。

通过"一秒钟的改变"这门课程，学生不仅能够掌握财商知识，更能够培养起自主学习的能力和创新思维。相信在师生的共同努力下，学生能够成为未来的财富创造者，用智慧和努力书写属于自己的成功故事。

2. 问题解决能力

问题解决能力的培养贯穿于各个课程。以"点绿长江行动"为例，学生围绕"如何呼吁更多人加入保护长江的行动"这一问题开展合作探究学习。他们需要进行资料收集、实地调研、方案策划等工作，在解决问题的过程中锻炼分析问题、提出解决方案的能力。

3. 动手操作能力

动手操作能力的培养在课程中也有充分体现。例如，在"几何图形巧收纳"课程中，劳技教师引导学生充分发挥创意，用废旧环保材料制作收纳箱。学生在动手操作中提高手工技能，学会将数学知识应用于实际，增强空间想象能力和动手实践能力。

4. 观察分析能力

观察分析能力可借助各类观察活动和项目提升。例如，在"如果古建会说话"课程中，学生从课文中的"赵州桥"入手，走近身边的历史建筑，观察其结构、装饰等细节，分析建筑背后的历史文化价值。这样的课程学习能让学生学会有目的、系统、全面地观察事物，提高观察分析能力。

"如果古建会说话"课程

本课程由语文、自然等学科教师共同研发，以中国建筑类文化遗产及其保护为主题展开综合式主题实践活动，目的是培养学生的观察分析能力与动手操作能力。

本课程包含"赵州桥的自述""古建有话说""古建修复师""古建保护倡议书"四个子项目。围绕"如何更好地修护、保护家乡的古代建筑物"这一核心问题，学生以课文中的"赵州桥"为起点，走近身边的历史建筑，了解它们的历史变迁，感受修缮保护文化遗产的重要与不易，形成保护文化遗产的责任意识，并运用观察分析、动手制作等方式对修缮保护文化遗产的好帮手——脚手架进行探索，体验不同结构支架的稳定性，发现三角结构的奥秘，寻找藏在古建筑中的三角结构，感受我国古代劳动人民的智慧与才干，提升民族自豪感。最终以一份"古建筑保护倡议书"向同伴传递古建筑的魅力及其保护的重要性。

为了更好地实施课程，教师通过数字教学系统、AI 虚拟老师、ClassIn 实时连线专家等数字化同侪方式，打破空间与维度的界限，为学生搭建了一个广阔的学习平台，辅助学生进行自主学习与合作学习。

5. 提问质疑能力

提问质疑能力的培养鼓励学生积极思考、勇于提问。例如，在"藏在木头里的中国智慧"课程中，学生围绕"如何创新性地策划并举办一场校园榫卯艺术展"这一核心问题不断提出自己的疑问和想法，在探究过程中学会对既有观点提出疑问，从不同角度设计问题，促进深度探究。

6. 实践创新能力

实践创新能力的培养是课程的重点之一。例如，在"种子智培计划"课程中，学生在种植薄荷时发现种子发芽率不高、幼苗存活率低等问题，进而提出"如何为种子设计一个 24 小时无人看管的家"的问题，并开展小组合作，运用人工智能优化育种箱，充分锻炼实践创新能力。

7. 合作交往能力和语言表达能力

合作交往能力和语言表达能力的培养体现在课程的各个环节。例如，在"清明上河图"课程中，学生分组合作进行探究，然后清晰表达自己的想法和判断依据，倾听小组成员的意见，共同完成任务。这样的活动可以有效提高学生的合作交往能力和语言表达能力。

"清明上河图"课程

本课程以中国传世名画《清明上河图》为核心，旨在全面提升学生的语言表达能力与合作交往能力。凭借丰富多元的学习活动引导学生深度钻研，鼓励学生踊跃开展交流展示活动，进而有效提升学生的自信心，全方位增强综合素养。

本课程充分利用"智慧桌椅"设备、"故宫名画记"网站、"三个助手"平台等信息技术手段辅助教学。学生在课程中分组合作进行探究，如在"寻找画中人"环节中借助平台在线圈画人物并交流猜测身份的理由。在此过程中，他们需要清晰地表达自己的想法与判断依据，小组成员间相互倾听、讨论，有效锻炼了语言表达与合作交往能力。在深入赏析阶段，无论是从美学角度探讨疏密手法，还是联系习作进行知识迁移运用，学生都以小组讨论、课堂发言等形式积极参与，如围绕场景描述相互启发、补充，共同完成对场景生动且主次分明的描述，在合作中提升语言组织与表达的精准度。在延伸探究环节，学生自主提问并交流后续学习思路，进一步促进思想碰撞与交流互动。课程最后借助校园文化展览、互联网平台展示等为学生提供更广阔的展示舞台，使其能够自信地向全校师生乃至更多人分享自己的学习成果与感悟，也让学生在对传统文化的深入学习中变得更加自信且富有创造力。

（二）数字化资源整合与智慧学习平台搭建

在"绿色地球村"智慧同侪课程的资源建设方面，我校充分整合教师、学生、家长和社会资源，建设智慧同侪课程学习资源包，实现资源的共建共享。

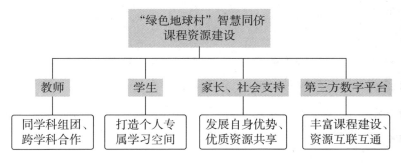

图 3-4 "绿色地球村"智慧同侪课程资源建设

1. 教师资源

我校倡导教师全员育人理念，人人参与课程资源的开发与建设，加强同学科组团推进，鼓励跨学科项目合作。教师合作开展研讨，共同规划课程资源、设计教学活动和评估方式。例如，"藏在木头里的中国智慧"课程由劳技、语文、道德与法治、美术等不同学科教师组成的团队共同开发。他们结合各自学科的特点和优势，为课程注入多种元素，使课程内容更加丰富和全面。

2. 学生资源

我校在学生个性化成长理念的引领下，鼓励、指导学生由课程资源使用者变为课程资源开发者，打造个人专属学习空间。在"绿色地球村"课程实践中，学生参与项目学习并创作了大量优秀作品，如"芳香校园打造计划"中制作的香氛产品、"藏在木头里的中国智慧"中设计的榫卯作品等。这些作品不只是学生学习成果的展示，更能成为课程资源的一部分，供其他学生学习和借鉴。

"芳香校园打造计划"课程

本课程核心宗旨是通过跨学科的实践性教学方法全面提升学生的综合素养。本课程以构建一个充满"绿色"香气的校园环境为主题，围绕"如何打造适合我们校园的'绿色'香味"这一核心问题进行深入探讨。

课程内容涵盖六大主题，依次为校园环境调查、自然界中的香气、自然与人工香料的比较、手工制作香氛、实地考察及成果展示。学生在学习过程中将深入了解校园环境现状，掌握自然与人工香料的来源、差异及作用，并初步探索香氛与情绪、身体健康的关联。学生还合作进行实验，制作自然与人工香料，并在校园内进行实际测试，最终制订出科学合理的校园芳香方案。

本课程不仅致力于增进学生的知识与技能，还将通过观察和调查校园环境，让学生掌握香氛相关知识，并积极探究不同香氛的效用与魅力。教学方法上强调实践技能与团队协作精神的培养，通过手工制作和实地考察等手段提升学生的操作与创新能力。同时，本课程亦注重学生情感态度与价值观的塑造，通过职业体验和宣传海报设计等活动引发学生对校园环境的关注，树立环保意识，并培养学生的责任感和审美鉴赏力。

3. 家长和社会资源

我校在家校社共育理念的引领下，借助智慧同侪的方式实现优质资源共享，如邀请家长分享各自专业领域的经验和见解、参与课程项目的指导和评审等。在"种子智培计划"中，有农业专业背景的家长为学生提供种植技术指导以帮助学生更好地完成项目。我校还与社区组织、企业和机构合作，引入环保项目、社区服务活动、企业参观实习等资源以拓宽学生的学习渠道。

4. 第三方数字平台

在搭建智慧学习平台方面，我校借助 ClassIn、未来宝、Vbook 科学等第三方技术平台，利用云计算技术实现课程资源的高效存储与共享。我校将优质的校本课程资源存储在未来宝、思来氏、ClassIn 云端，并设置教师可编辑、学生可浏览下载的权限，便于课程资源在校园内的流通及与其他学校进行校际资源共享与合作迭代。通过这些平台，学生可以随时随地获取学习资源、参与在线学习和互动交流，教师也可以更好地开展教学活动，实现教学资源的最大化利用。

三、课程实施的教学模式

"绿色地球村"智慧同侪课程的实施过程中充分运用了智慧同侪课堂"3124"实施路径。其中"3"指"三情匹配"，即在实施前需分析参与学校的校情、学情及教情；"1"指"教研伴生"，即强调教学与教研的循环共生，包含前置教研和后续教研；"2"指"双向交互"，即信息交互和资源交互；"4"指"四者协同"，即由设计者（统筹课程）、主讲者（主会场授课）、助教者（分会场辅导）、支持者（技术保障）组成团队，同时结合线上线下融合的教学模式和智慧课堂的构建与应用。

（一）智慧同侪课堂"3124"实施路径

智慧同侪课堂"3124"实施路径是我校在课程实施过程中总结出来的一套有效模式。这一模式包括同侪教研、同侪备课、异地同步教学、课堂循证研修等环节。

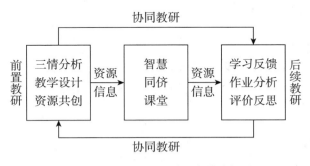

图 3-5　"智慧同侪课堂"实施路径图

1. 同侪教研

同侪教研是指教师之间的合作与交流活动。我校在"绿色地球村"课程实施进程中定期组织教师进行同侪教研活动，分享教学经验和资源，探讨教学方法和策略。教师可以通过同侪教研相互学习、相互借鉴，提高自己的专业素养和教学能力。

2. 同侪备课

同侪备课是指教师之间的合作备课活动。我校鼓励教师之间进行合作备课，共同制订教学计划、设计教学活动和评估方式。教师可以通过同侪备课充分利用集体智慧提高备课效率和质量。

3. 异地同步教学

异地同步教学是指利用信息技术实现不同地区学校之间的同步教学活动。我校充分利用 ClassIn 等第三方技术平台来实现不同地区学校之间的同步教学活动，以此共享优质教学资源，拓宽学生的视野和知识面。

4. 课堂循证研修

课堂循证研修是指基于课堂观察和数据分析进行的教学研修活动。我校利用智能教学系统收集学生的学习数据和行为数据并对其进行分析，进而评估教学效果和学生的学习情况。基于这些数据，教师可以进行有针对性的教学改进和个性化的教学指导。

（二）线上线下融合的教学模式创新

我校在"绿色地球村"智慧同侪课程的实施过程中采用了线上线下融合的教学模式，充分发挥线上教学与线下教学的优势，改善教学效果和学生的学习体验。"水源式"在线教学实践便是这一模式的生动体现。

"水源式"在线教学通过"水源式"教研和教学空间，建构一个开放、互联、共享的教育教学平台，开创"多对多"的教育教学方式，做到全员教师教研、全员学生互动学习，实现教育教学"线上如同线下"。在教学过程中，教师运用多种教学手段提升教学效果。

在"水源式"教研空间建设方面，教研组开展定时与随机结合的同侪教研，聚焦关键问题、课程资源、教学设计、互动方式和平台功能等五个方面。除了固定的教研组外，我校还鼓励教师基于个性需求自发组建各种研修团队、项目团队、学科沙龙、青年共同体等，通过艺友结对、项目引领，助力在线教学。线上"教学月"活动有序开展，教研组先进行组内研究课的听评课，再选出优秀课例进行教学月展示，通过组际之间智慧分享进一步提高在线教学水平。这种超越时空的"水源式"教研活动，有力地提升了教师专业和信息素养。

　　在"水源式"学习空间营造方面，教师解锁新技术，采用多种教学方式。基本招式是运用答题器和小黑板功能实时把控学情。在课堂教学中，教师通过答题器发布问题，学生即时作答，教师可以迅速了解学生对知识的掌握情况，及时调整教学节奏。进阶招式是运用授权、小组讨论功能，开创"多对多"学习模式以带动全员参与。如在语文课堂上，教师授权学生进行小组讨论，学生围绕课文主题展开热烈讨论并分享自己的观点和想法，培养了合作能力和思维能力。高阶招式是巧用智能工具（尺规、图形等），手脑并用，提高参与度。如在数学教学中，教师利用智能尺规工具帮助学生更直观地理解几何图形的性质和关系，增强学生的学习兴趣和动手能力。

（三）智慧课堂的构建与应用

　　智慧课堂的构建与应用是"绿色地球村"智慧同侪课程实施的重要环节。我校借助 ClassIn、未来宝等第三方技术平台建设了智慧教室和智能体育手环等数字化教学环境，实现了信息技术与课堂教学的深度融合。

1. 智慧教室

　　智慧教室是配备了先进教学设备和软件的实体教室。我校在"绿色地球村"课程中充分利用智慧教室的设备，如智能黑板、互动投影、虚拟现实设备等，为学生提供了一个更加生动、直观、互动的学习环境。

图 3-6　智慧课堂展示活动

2. 智能体育手环

智能体育手环是一种可以实时监测学生运动数据和健康状况的可穿戴设备。我校充分运用智能体育手环为学生提供个性化的运动指导和健康管理服务。

学生在体育课程中佩戴智能体育手环进行运动监测。手环可以实时监测学生的心率、步数、运动时长等数据，并将数据传输到智能教学系统中。教师可以通过这些数据了解学生的运动情况和健康状况，并进行有针对性的教学指导和个性化健康管理。

（四）同侪协作与互动学习的促进策略

在"绿色地球村"智慧同侪课程的实施过程中，我校十分注重促进学生之间的同侪协作与互动学习，通过一系列的策略和措施激发学生的合作精神和创新能力。

1. 小组合作

小组合作是同侪协作与互动学习的重要方式之一。我校鼓励学生采取小组合作的方式完成任务和项目，学生可以相互学习、相互支持、共同进步。

"校园环保方案设计"项目要求学生分成小组进行实地调研和方案设计。学生在调研过程中需要相互协作、分工合作；在方案设计过程中需要共同讨论、集思广益。小组合作不仅提高了学生的实践能力和团队合作精神，还培养了他们的创新思维和解决问题的能力。

2. 课堂讨论

课堂讨论是同侪协作与互动学习的另一种重要方式。我校定期组织学生进行课堂讨论活动，学生可以分享自己的观点和想法、质疑他人的观点并提出新的见解。

例如，在科学课程中组织学生进行关于"环保问题"的课堂讨论活动，学生积极发言，提出自己的观点和想法，也会质疑他人的观点。课堂讨论提高了学生的口头表达能力和沟通能力，也培养了他们的批判性思维和独立思考能力。

3. 在线交流平台

在线交流平台是同侪协作与互动学习的有效补充。我校充分利用 ClassIn 等第三方技术平台提供的在线交流功能，让学生可以随时随地与教师和其他同学进行交流和互动。

例如，教师可利用 ClassIn 平台进行在线授课和答疑活动。学生可以在课后通过平台向教师提问和交流，也可以与其他同学进行互动和合作。在线交流提高了学生的自主学习能力和合作精神，还为他们提供了一个更加便捷、高效的学习环境。

四、课程评价的反馈机制

（一）多元化课程评价指标体系的构建

在"绿色地球村"智慧同侪课程中，我校构建了多元化的课程评价指标体系。这一体系可全面评价学生的学习过程和学习成果，为他们的个性化发展和教师的精准指导提供有力支持。

1. 过程性评价

过程性评价是指对学生在学习过程中的表现进行评价，可以让教师及时了解学生的学习情况和问题，并进行有针对性的教学改进和个性化指导。

例如,"校园环保方案设计"项目利用智能教学系统收集了学生的项目进度和完成情况等数据。通过数据分析,教师可以了解学生的学习进度和存在的问题,并及时给予指导和帮助。过程性评价能够改善教学效果和学生的学习体验,也能培养学生的自主学习能力和创新思维。

2. 结果性评价

结果性评价是指对学生在学习成果方面的表现进行评价,如对学生完成的项目和作业进行评估和打分,让教师可以了解学生的学习成果和水平,并为他们的个性化发展提供有力支持。

例如,科技创新课程要求学生完成一个创新实验或发明创造项目。项目完成后我校组织专家进行评审和打分,并根据评审结果给予学生相应的奖励和荣誉。这种结果性评价不仅能激发学生的创新精神,还对他们未来的发展有积极意义。

3. 多元化评价主体

多元化评价主体是指除了教师之外的其他评价主体参与课程评价活动。我校鼓励家长、学生和其他社会成员参与课程评价,从而更全面地了解学生的学习情况和需求。

(二)基于数据驱动的反馈与改进机制

我校在"绿色地球村"智慧同侪课程中充分利用大数据技术收集和分析学生的学习数据和行为数据,并基于数据分析结果了解学生的学习情况和需求。

1. 数据收集与分析

我校利用智能教学系统收集学生的学习数据和行为数据,如课堂参与度、作业完成情况、项目进展等,并运用数据分析技术对这些数据进行处理和分析以得出学生的学习情况和需求等信息。

2. 个性化教学指导

基于数据分析结果,教师可以为学生提供个性化的教学指导和精准改进建议。通过调整教学策略和教学内容等方式，教师可以更好地满足学生的学习需求并促进他们的个性化发展。

3. 持续改进与优化

我校持续改进和优化课程内容及教学方式，收集并分析学生的反馈意见和建议以便了解课程存在的问题和不足并进行有针对性的改进与优化。

第四章

师资赋能——铸就未来学校教育中坚

15. 在教师专业成长方面，应如何创新研修方式，营造良好成长环境？

16. 如何实施"双培养"机制，将党员培养成教学骨干，同时把教学骨干培养成党员？

17. 如何将党建与教育教学实践更紧密地结合，使其融入日常工作的每一个环节？

18. 如何将师德规范内化为教师的自觉行为，形成持久的职业操守？

第一节　专业成长：沙龙研修文化的浸润者

在教育改革不断深化、教育数字化转型加速推进的当下，教师专业成长对学校教育质量提升至关重要。我校始终将教师专业发展置于重要位置，积极探索行之有效的培养模式。其中，沙龙研修与文化浸润的有机结合为教师成长搭建了广阔的平台，成为推动学校教育发展的强大动力。

一、沙龙研修的多样形态

沙龙研修是一种以教师为核心，以自由、开放、互动的交流氛围促进教师专业素养持续提升和学术思想深度交流的独特活动形式。我校紧密贴合当前教育的实际情况与广大教师的实际需求，在创新理念的指导下，设计并推出了多种形式各异、内容丰富的沙龙研修形态。这些多样化的研修形态不仅充分考虑了不同专业背景、不同教学经验的教师群体特点，而且有针对性地满足了教师在职业生涯各发展阶段所面临的个性化成长需求，为广大教师提供了一个全方位、多层次的专业成长与学术互动平台。

（一）学术沙龙

学术沙龙是我校教师专业成长的重要平台之一。我校不定期邀请高校各领域的知名专家来校举办学术讲座，为教师带来最前沿的教育理念和学术成果以拓宽教师的学术视野，激发他们对教育教学的深入思考和探索。

常生龙博士是教育领域的知名专家，也是《中国教育报》"推动读书十大人物"之一，多次受邀参与我校的学术沙龙活动。他的《读书是教师最好的修行》《给教师的 5 把钥匙》《核心素养与学习的变革》等著作成为我校教师节的特别礼物。常博士在沙龙活动中深入解读教育著作，分享他在教育实践中形成的独到见解，引导教师思考教育的本质和发展方向。他的讲解让教师对教育理论有了更深刻的理解，启发教师将理论运用到实际教学中，探索更有效的教学方法。

杨彦平博士向我校教师推荐了《心理学与生活》。他生动有趣的导读使这次沙龙成了我校暑期培训中备受期待的"智慧旅行"。在沙龙现场，杨博士结合书中的心理学原理剖析学生的学习心理和行为特点，帮助教师更好地理解学生的需求和困惑，从而在教学中能够更有针对性地引导学生，提升教学效果。

学术沙龙为教师提供了与专家面对面交流的机会，促进了教师之间的学术交流和合作。教师在沙龙中可以就教育教学中的问题和困惑向专家请教，或与同行分享自己的经验和心得。这种互动和交流能增强教师的专业素养，更能激发他们的教育热情和创新精神。

（二）共同体沙龙

共同体沙龙是我校教师专业成长的又一重要平台，以"名师工作室""班主任工作室""学科研究团队""学科基地""教研组"等学习共同体为单位，围绕教育教学中的实际问题开展协作探究活动。这些活动可以解决教师在教育教学中遇到的难题，促进他们之间的合作与交流。

以我校语文带头人张伶俐领衔的伶俐工作坊为例。线上教学期间，工作坊承担了我校"问题化学习研究"的小学语文同侪课堂和循证教研的任务。

"问题化学习研究"伶俐工作坊

伶俐工作坊承担了"问题化学习研究"小学语文同侪课堂与循证教研任务，借助 ClassIn 平台开展跨区域、跨学科同侪研修活动。

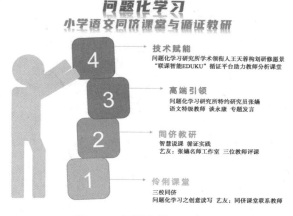

图 4-1　问题化学习研究

（1）两区同侪，探索"问题化学习"

就"如何打造生生交流合作的线上课堂""如何在线上课堂中实现高效互动"等问题，问题化学习研究所小学工作坊聚集宝山、嘉定两区三校多团队开展跨区域同侪研修，针对上述问题开展细致研讨，深入交换意见，促进不同层面教师不同观点的生成。

（2）三校互动，探索"创意读写课堂"

在 ClassIn 教学平台上，我校张伶俐老师带领三校三个班级的学生开展线上同侪教学，进行自编微型课程"舌尖上的美味之食在田野"的课堂实践。课堂由"问题"贯穿学习始终，教师带领学生主动探索读写的奥秘，跨区域三个班级的学生随机分组、助教参与，体现了同侪课堂多班融合学习的特点。

（3）课后研讨，探索"课堂循证"

课后研讨，两区研修团体四个循证小组从学习情况数据汇总、问题分类、读写视角等不同维度开展课堂循证。本次循证借助问题化学习 EDUKU 联课循证平台，将课堂视频链接、课堂循证数据分析同步上传，自动形成问题化学习课堂诊断报告。在技术的加持下，循证逐步向数字化课堂循证方向转型，课堂评价更加深入、科学。

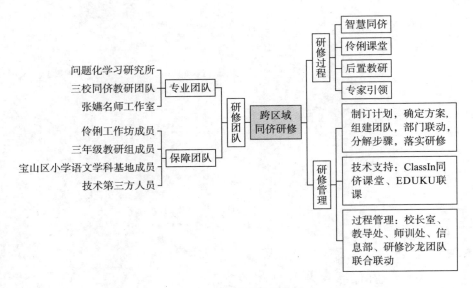

图 4-2　跨区域同侪研修活动

　　这种以"问题化学习研究"作为核心引领的共同体沙龙活动为教师提供了一个宝贵的协作探究平台。教师在这个平台上能够集思广益，共同面对并攻克教育教学过程中遇到的各种难题。这种深入的协作与探究使得教师积累了丰富而宝贵的实践经验，极大地提升了自身的教学能力和水平。沙龙活动的开展为教学质量的全面提升注入了强劲的动力，有力地推动了我校教育教学工作的持续优化和发展。

（三）项目化沙龙

　　项目化沙龙作为我校教师专业成长过程中的一项创新举措，具有深远的意义和显著的效果。我校鼓励来自不同学科、不同学段乃至不同学校的教师汇聚一堂，围绕某一特定主题展开深入探讨，共同开发具有创新性和实用性的课程项目。这种独特的沙龙形式不仅能极大地提升教师的创新能力和教学水平，还能有效地促进各学科之间的深度融合与交叉互动，打破传统教学模式的壁垒。

　　我校成立近三年的项目化学习小组汇聚了来自语文、数学、英语、自然、探究、美术等多个学科领域的优秀教师。他们共同参与了"种子智造计划""几何图形巧收纳""跟着土豆去旅行"等一系列富有创意和挑战性的项目设计及其实施。这些项目涵盖丰富的学科知识，注重培养学生的实践能力和创新思维。

教师在课程开发的过程中勇于打破固有的学科界限，充分发挥各自的专业特长和教学经验，共同研讨并设计出科学合理的教学内容、灵活多样的教学方法和全面客观的评价方式。这种跨学科的深度碰撞与有机融合能够激发教师的创新潜能和教学热情，使得所开发的课程更具综合性和趣味性，进而极大提升了学生的学习兴趣和参与度。

教师在项目的实施过程中不断探索和实践新的教学模式和方法，积累了宝贵的经验，提高了自身的专业素养和创新能力，也为学生提供了更加丰富多元、生动有趣的学习体验，有力促进了学生的全面发展。项目化沙龙这一平台帮助教师在合作中成长，在创新中突破，为我校教育教学质量的提升注入新的活力。

（四）硕博沙龙

随着我校教师自我进修深造的热情不断高涨，选择继续深造的教师人数持续增加，高学历教师队伍也日益壮大。截至目前，我校拥有硕士（含在读）研究生学历的教师已达到27人。为了充分发挥这些高学历教师在教育教学中的独特优势，我校特别组建了硕博沙龙以搭建一个高水平的学术交流平台。我校还积极吸纳参加我校基地培训的外校高学历教师加入沙龙，以促进更广泛的学术交流和资源共享。

我校荣幸地邀请到华东师范大学的王涛博士及其研究团队等高校优质硕博导师担任沙龙的指导专家。在"指向核心素养的学校课程"专题交流活动中，王涛博士与我校教师重点围绕课程结构改革这一核心议题展开关于"大单元设计""学习任务群""过程性评价"等教科研课题的深入研究。教师在交流过程中积极分享了自己在相关领域的研究成果和实践经验，并从专家和同行那里汲取了新的研究思路和方法，受益匪浅。

硕博沙龙的成员凭借自身扎实的学术基础和敏锐的学术洞察力，在学术研究和科研领域发挥着重要作用。他们不仅积极参与各类课题研究，撰写高质量的学术论文，更为我校的教育科研工作注入了新的活力。通过与外校高学历教师的深入交流与合作，沙龙成员的学术视野得到进一步拓宽，我校的整体教育科研水平也得到显著提升，在教育科研领域的影响力不断增强。

（五）启航沙龙

启航沙龙主要面向见习教师和三年以内的职初教师，旨在帮助他们尽快适应教育教学岗位，实现从新手到合格教师的转变。

启航沙龙主要组织本学科和跨学科的听课、评课、说课、演讲、征文等活动，为青年教师提供丰富的学习和交流机会。青年教师在听课活动中可以学习优秀教师的教学方法和课堂管理技巧；在评课环节能够听取同行的意见和建议，反思自己的教学不足；说课活动能锻炼他们的教学设计和表达能力；演讲和征文活动有助于提升他们的教育思考和文字表达能力。

在一次启航沙龙组织的同课异构活动中，几位职初教师共同执教同一节课，在备课过程中相互交流教学思路并分享教学资源。课堂教学结束后，其他教师从教学目标的达成、教学方法的运用、学生的参与度等方面进行点评。这种活动让青年教师在实践中快速成长，同时也增进了他们之间的友谊和团队凝聚力。

启航沙龙还为青年教师提供了参与数字化校园建设的机会，鼓励他们发挥自己的专业特长来为学校的发展贡献力量。在这里，青年教师不仅能够提升教学能力，还能感受到学校的关怀和支持，从而增强对教育事业的归属感和责任感。

（六）行云沙龙

行云沙龙是我校教师专业成长中的自由交流平台，以问题为引领，鼓励教师就教育教学中的热点问题进行自由交流和深入探讨。这种沙龙形式能够激发教师的教育智慧和创新思维，促进他们之间的经验分享和相互学习。

每月一次的读书分享会是行云沙龙的特色活动之一，分享内容除了教育教学书籍，还包括电影鉴赏、旅行日志、摄影作品、文史哲思辨等多种主题。那些看似与教育教学无关的主题也能从不同角度启发教师的思维。如在一次电影鉴赏分享活动中，教师观看了一部关于师生关系的电影并展开讨论。大家从电影中师生之间的情感交流、教育方法的运用等方面联系自己的教学实践，分享感悟和体会。这种跨领域的交流让教师突破了思维定式，激发了教育智慧和创新思维。

行云沙龙中没有权威的主导，没有固定的模式，教师自由地表达观点，相互倾听、相互启发。这种自由交流的氛围让教师在轻松愉快的环境中获得新的灵感，为教育教学工作带来新的思路和方法。

二、文化浸润的成长环境

文化浸润的成长环境是我校教师专业成长的重要保障。我校通过沙龙活动、团队合作、校园文化等多种方式，营造积极向上的学习氛围和团结互助的工作环境，促进教师之间的经验分享和相互学习。这种文化浸润的成长环境不仅提升了教师的专业素养和教学能力，而且激发了他们的教育热情和创新精神。

（一）营造积极向上的学习氛围

沙龙活动为教师营造了积极向上的学习氛围，成为教师之间经验分享和相互学习的重要平台。教师在各种沙龙活动中分享自己在教学实践中的成功经验、遇到的问题及解决问题的方法。

在一次学术沙龙的互动环节，一位资深教师分享了自己在阅读教学中的独特方法——通过角色扮演让学生深入理解文学作品中的人物形象。他详细介绍了具体的实施步骤和注意事项，其他教师深受启发。随后，几位青年教师也分享了自己在阅读教学中运用信息化工具的经验，如利用在线阅读平台开展阅读活动、借助电子图书资源丰富学生的阅读素材等。教师在经验分享中相互学习，借鉴他人的长处，不断改进自己的教学方法。

共同体沙龙和项目化沙龙中的合作项目能促进教师之间的深度交流与学习。在伶俐工作坊的跨区域同侪研修活动中，教师共同备课、听课、评课，分享教学资源和教学心得。教师在这个过程中不仅学习了他人的教学技巧，还了解到不同地区、不同学校的教学理念和方法，拓宽了教学视野。

这些沙龙活动让教师逐渐形成了主动分享、积极学习的良好习惯，营造了浓厚的学习氛围，促进了共同成长。

（二）强调团队合作和集体智慧

我校高度重视团队合作和集体智慧，并在沙龙活动中逐渐形成了特有的教师团队合作文化。各类沙龙中无论是解决实际教学问题还是开展课程开发、学术研究等活动，都离不开教师的团队协作。

跨学科的教师团队在项目化沙龙的课程开发中紧密合作。例如，在"跟着土豆去旅行"项目中，语文教师负责引导学生了解土豆在不同文化中的象征意义和文学作品中的描写，自然教师讲解土豆的种植知识和生长习性，美术教师指导学生创作以土豆为主题的艺术作品，劳技教师则带领学生利用土豆制作各种手工艺品。在整个项目过程中，各科教师分工明确、相互配合，共同完成教学目标。

团队合作在共同体沙龙中同样发挥着重要作用。以"问题化学习研究"的小学语文同侪课堂和循证教研活动为例，两区三校的教师团队从课堂设计、教学实施到课后循证研讨，每个环节都密切协作。在课堂设计阶段，教师共同探讨教学内容和教学方法，充分发挥各自的专业优势；在教学实施过程中，主讲教师和助教教师相互配合，关注学生的学习情况；课后，循证小组的教师从不同维度对课堂进行分析和评价并共同提出改进建议。

这种团队合作不仅提高了教学质量和科研水平，还增进了教师之间的情感交流，形成了相互支持、相互信任的团队合作文化。在这种文化氛围下，教师更加注重团队的力量，愿意为团队的发展贡献自己的力量，共同推动学校教育事业的进步。

案例一

道德与法治教研组团队"让课堂焕发生命的活力"专题汇报

倪明娅　周　游

宝山区实验小学道德与法治教研组拥有一支有凝聚力、有素养的专业教师队伍，其中有区学科带头人、区学科中心组和青年组成员及校级骨干，梯队合理。团队一直以"基于课程标准的教学与评价"为核心，积极打造以"生命化教学"为特征的道德与法治教研组，呈现课程教学的勃勃活力。

一、科研引路，向光而行

团队积极探索小学道德与法治的单元整体教学设计研究，营造可持续发展的绿色课堂。在课题的引领和研究下，团队齐聚线上，参与了华师大专家领衔的大单元整体教学设计"领航计划"。通过共同学习，团队成员更新理念、改进教学方式，还有幸和专家及全国的教师在线上交流，并获得"优秀学员""优秀组织奖"等荣誉。

同时，团队积极实践，利用假期团队合作进行了单元整体教学案例的设计，获得区级一、二等奖。团队立足大单元，对不同年段进行同一个学习主题的不同教学方式展开研究，面向全区做了"依据学情明目标，巧用方法学规则"主题教研展示活动，分享教研的思考和成果。团队还申报了课题"新课标视域下小学道德与法治课程生命化教学策略研究"，并开始在课程教学中进行实践探究。

107

二、数智铸魂，星火燎原

我校是数字化教学的试点校，是数字化教学行列中的先行者。因此，无论是线上还是线下教学，团队都积极地践行数字赋能，提高教学实效。

早在刚开始线上教学时，团队就借助 ClassIn 平台，启用 3.0 模式积极开展班级、年级同侪课，推进了同侪教学的尝试和研究。四百多个学生参与的年级课活动作业展示中，学生用心展示，互动交流，收获满满。教学相长，团队的教师更是在数字教学实践中收获颇丰。

2022 年 9 月，团队与全区三百多位小学道德与法治教师齐聚云端，借助 ClassIn 平台，展开了"聚焦核心素养，探索同侪教学"的主题教研活动，在全区起到了示范、引领和辐射的作用。我校每年的"宝石杯"教学赛都会设道德与法治专场，为教师搭建平台，助力青年教师在这一方沃土中蓬勃成长。

张含涵老师在团队的帮助下参加 2022 学年区小学道德与法治信息技术与教学深度融合教学展评活动，运用希沃智慧黑板助力智慧课堂，获得了一等奖。2023 年 11 月，张老师借助 ClassIn 平台和方略盒子，巧妙解决了教学过程中的重难点。

在日常课中，教师会借助小龙助教这一平台上好每一节课。我校的正式账户硬件激活台数也十分可观。教师在使用时"一看二选三用"，精心设计问题链，巧用音视频，结合学情与教材，努力实现小龙助教资源最优化。

三、生活育人，共进致远

团队教师就时政新闻如何引入课堂进行了实践，发现我校德育课程中的"新闻课堂"可以与教学有效衔接，既能培养学生关注时政的意识，也能融入家国情怀、道德教育。在团队教师的共同努力下，青年教师快速成长，在市级时政课比赛中获得二等奖。

新课标指出，通过社会实践将道德教育内化于心、外化于行。坚持校内实践与校外实践相结合，丰富学生的实践体验，实现知行合一。团队教师在学校周边自主开发、拓宽地域资源，充分挖掘宝山的红色教育基地，上海淞沪抗战纪念馆便是其中之一。教师带领学生走进场馆研学，争当红领巾讲解员，在活动中了解抗战历史，厚植家国情怀。课后的拓展延伸有效助力课堂学习，也使团队紧紧凝聚在一起。

我们小学道德与法治课教研组团队全体教师所关注的不只是本学科教学，更关注面前这些年轻的生命。我们用生命去感动生命，用生命去关爱生命，让课堂焕发生命的活力，让学生扣好人生第一粒扣子，成为德智体美劳全面发展的好少年。

案例二

"美"在起、承、转、合间
——音乐组学期工作小结

音乐教研组的7位教师精诚合作、锐意进取，将"美"渗透到工作的各个环节。无论是教育教学活动，还是承接的市、区级各项比赛展示活动，大家都以刻苦诠释拼搏，以勤奋诠释追求，形成了良好的工作氛围。

音乐组紧紧围绕新课标，优化教学设计，注重课堂实践，关注提升学生的核心素养；积极参加各层面的教研教学活动，如一年级视导课、校"宝石杯"教学赛、学区心流社课堂展示，大家都认真听课，课后认真研讨。音乐组的教育教学实践与学生艺术活动的开展可以用"起、承、转、合"这四个字来总结。

一、起——立足新课标，促专业发展

随着《义务教育艺术课程标准（2022年版）》的颁布，全组教师面对新时代"课程在演进、专业在发展、课堂要转型、学科要重建"的新要求，秉承新课标"坚持以美育人、重视艺术体验、突出课程综合"的课程理念，深入探索新的艺术课堂教学模式，注重以学科为本、以学生

为本，多反思，善于梳理，站在学生的角度反思课堂，反思教学内容的合理性、学生群体和个体的反馈、教学资源运用的科学性等即时生成的问题，从而有导向地促进学生音乐学科核心素养的形成。音乐教学必须胸中有本，认真研读教材。大而言之，要研究整个小学阶段的音乐教材编排体系，以便上下贯通；小而言之，要弄清本学期、本课时的音乐教材主要内容，以便把准脉络。

二、承——抓住核心，优化教学设计

音乐是听觉的艺术，聆听是音乐课的一个重要着力点，学生聆听音乐，第一时间可以感知到音乐的情绪，或优美、空旷，或欢快、热情。以秦逾周老师的三年级歌唱课"森林铁匠"为例，教师提问："你听到了森林里的什么声音？这个声音带给你什么样的强烈感受？"引导学生对音乐本体进行思考、分析和理解，提升学生的音乐感受力。三年级学生已经初步养成了聆听音乐的习惯，能通过聆听进行联想，并积极参与各种音乐活动。秦老师以生为本，以情为径展开教学，通过听、唱、奏、演、创等多种指向核心音乐素养的途径激发情感，引发共鸣，使学生体会到"森林铁匠"劳动时的快乐。这不但提升了学生的音乐素养，更达到了学科育人的目的。

三、转——匠心独具，注重课堂实践

音乐课是"想象"的课、"探究"的课、"创造"的课。音乐教师不能墨守成规，要跟上时代前进的脚步，不断反思、不断创新，让学生在音乐课堂中有创新的机会，有创意的流露，有创造的体验。以滕飞老师的五年级歌唱课"摇船调"为例，滕老师以学生喜欢的猜谜游戏、儿歌接龙、摇船动作模仿入手，加入劳动号子、对唱等演唱方式，巧妙地将歌曲演唱的重难点化解在其中。当学生学会了歌曲，把握了歌曲的内涵后，他们的情感逐步被激发而转化为自觉的行为。一年级须小寅老师的歌唱课"鹅鹅鹅"根据学生的年龄和认知特点，从学生熟悉的古诗诵读入手，通过设计形象生动的旋律线帮助学生感知音高、唱准旋律,方法行之有效,学生学习兴趣高。在课堂教学中,钢琴伴奏对于低年级学生的学唱、听力和音准训练来说非常重要,是学生音乐学习强有力的支撑,教师应该多弹奏,引导学生静听、跟唱。

四、合——关注成长,提升核心素养

音乐教育具有"润物无声,无痕渗透"的特殊作用。音乐课堂融合了地理人文介绍、古诗词吟诵、劳动的快乐等其他学科的内容,给学生带来了丰富有趣的学习体验,加深了对知识的理解。这也更加肯定了学科融合在教学实践中的意义与必要性。核心素养的提升不只在音乐课堂上,也在多彩的艺术活动中。我们将艺术实践活动的开展与课后服务紧密结合,共开设12个音乐类(朗诵、街舞、合唱、口风琴、舞蹈等)社团。舞蹈社团、合唱社团分别是市、区级的共同体、联盟成员单位,助力"一条龙"项目学校建设。在活动中我们做到:①加强项目规范教学。一个项目、团队的建设,离不开规范有序的教学实施。我们关注教学实施的规范性,准时参加活动、认真进行教学,积极参加展示等,从学习常规到学习准备都力求规范有序,落实有效。②注重项目阶梯队伍建设。校级的合唱团和舞蹈团在低年级都组织了梯队。除了正常的社团活动时间,我们还推出了线上社团活动,引导学生坚持每天打卡,汇报学习成果,教师及时反馈指导。一切辛勤的付出换来的是收获满满:舞蹈团、合唱团多次在市、区级比赛和展示活动中取得优异成绩。

在这个小小的团队中,我们互敬互助、互帮互学、团结协作、和谐奋进。教育是一件平凡而美丽的工作,音乐组的每位教师愿在平凡的岗位上,用耐心、爱心、真心、热心和责任心浇灌出"爱"的花朵,让每一个孩子绽放光芒。

第二节　培养机制：党员骨干党建的引领者

教师队伍的建设始终是学校发展重中之重。如何培养出一批政治素质过硬、业务能力精湛的骨干力量是我校一直深入思考并积极探索的关键问题。我校经过不断地实践与总结，摸索出了一套行之有效的"双培养"机制，即通过党建引领将党员培养成教学骨干，把教学骨干发展成党员，为我校的长远发展提供坚实的人才支撑。

一、党员骨干的双重培养

（一）推进"双培养"机制

"双培养"机制是我校教师队伍建设的核心策略。党员教师在政治觉悟和思想认识方面往往具备较高的水准和坚定的信念，他们能够以身作则，引领团队向正确的方向前进。教学骨干在专业素养和教学能力方面表现尤为突出，能够凭借扎实的专业知识和丰富的教学经验有效提升教学质量。我校将这两类优秀人才有机结合，采取相互学习、共同进步的方式，充分发挥各自的优势，弥补不足，从而打造出一支既具备较高政治素养又拥有卓越教学能力的、全面发展的优秀教师队伍。这样的队伍能够更好地服务于学生的成长成才，更能为我校的教育事业注入强大的动力。

为把党员培养成教学骨干，我校给党员教师提供了丰富多样的发展机会。我校积极组织各类专业培训，涵盖教育教学理论、学科前沿知识、教学技能提升等多个领域；定期举办教学方法研讨会，邀请教育专家来校讲学，分享最新的教学理念和方法，鼓励党员教师参与学习和交流；借助培训帮助党员教师深入学习现代教育技术的应用，如利用多媒体教学工具丰富课堂内容、借助在线教学平台拓展教学资源等；

组织党员教师参加教学观摩活动，走进优秀教师的课堂，学习他们的教学技巧和课堂管理经验。这些活动有利于党员教师汲取他人之长，反思自己的教学实践，不断改进教学方法。

为了让党员教师在实际工作中得到充分的锻炼和提高，我校特别设立了"党员先锋岗"。这些岗位覆盖了教学、教研、德育等多个关键领域，还深入到学校工作的方方面面。在教学一线设立的"党员先锋岗"中，党员教师肩负起示范教学的重要职责。他们通过公开课、示范课等生动展示了先进的教学理念和高效的教学方法。他们不仅注重教学内容的传授，更重视教学环节的精心设计，力求每一个细节都能激发学生的兴趣和潜能，尤其注重培养学生的创新思维和实践能力，从而为其他教师树立可借鉴、可学习的典范。

"党员先锋岗"的教师在教研领域表现同样出色。他们积极参与各类课题研究，主动承担科研任务，带领团队成员共同攻克教学过程中遇到的各种难题。他们不只注重理论研究的深度，还强调实践应用的效果，力求将科研成果转化为实际教学中的有效策略。

"党员先锋岗"的教师在德育工作方面同样不遗余力。他们密切关注学生的思想动态，深入了解学生的内心世界，积极开展形式多样的德育活动以引导学生树立正确的价值观和人生观，帮助学生形成健康的人格和积极向上的心态。"党员先锋岗"的设立提升了党员教师的专业素养，激发了我校教育教学工作的活力。

而对于把教学骨干发展成党员，我校有着一套严格且科学的选拔和培养流程。我校会对教学骨干的政治素养、思想表现进行全面考察，通过日常与他们交流、观察他们在工作中的态度和行为等途径了解他们对党的教育事业的认同度和责任感；还会组织教学骨干参加政治理论学习活动，如党的方针政策解读讲座、党史学习教育等，帮助他们加深对党的认识和理解，提高政治觉悟。

在确定培养对象后，我校为每名教学骨干配备一名党员导师。导师会与培养对象定期沟通，在思想上给予引导以帮助他们树立正确的政治信仰；在工作上给予支持，分享教学和科研经验以帮助他们解决遇到的困难。另外，我校还会安排教学骨干参与党组织的各类活动，如党员志愿服务、主题党日活动等，让他们在活动中感受党组织的凝聚力和战斗力，从而增强对党组织的归属感。

（二）发挥先锋模范作用

"双培养"机制的实施为党员教师在教育教学与科研中发挥先锋模范作用提供了有力保障。在日常教学工作中，党员教师始终秉持着高度的责任心和敬业精神，认真备课、精心授课。他们注重因材施教，关注每个学生的成长和发展。对于学习困难的学生，党员教师会主动利用课余时间进行辅导，耐心解答学生的问题，帮助他们克服学习障碍。在课堂教学中，党员教师积极探索创新教学方法，激发学生的学习兴趣。有的党员教师运用情境教学法，将抽象的知识融入生动有趣的情境，让学生在轻松愉快的氛围中学习知识；有的党员教师采用小组合作学习法，培养学生的团队协作能力和自主学习能力。

在教育科研方面，党员教师更是发挥了引领作用。他们积极参与课题研究，勇于探索教育教学中的新问题、新方法。以我校开展的"基于核心素养的课堂教学改革"课题为例，党员教师主动承担起课题的主要研究任务，深入课堂进行调研并收集大量的数据和案例，经过分析研究提出了一系列有效的教学策略。在研究过程中，党员教师充分发挥自己的专业优势，与团队成员密切合作，共同攻克研究中的难题。他们的研究成果为我校的教学改革提供了有力的支持，还在各级教育科研成果评选中获得了优异的成绩。

党员教师不但在日常教学中发挥先锋模范作用，还积极投身课程开发工作。伴随着教育改革的持续深化，我校面临着不断优化和丰富课程体系的迫切需求。在这一背景下，党员教师以高度的责任感和使命感主动参与校本课程的研发工作。他们紧密结合我校的办学特色和学生的兴趣爱好，经过深入研究和精心设计，成功开发出了一系列独具特色的校本课程。

例如，在"传统文化与现代生活"这一课程中，党员教师充分发挥跨学科整合的优势，将语文、历史、美术等多个学科的知识有机融合在一起。这种多维度的教学设计使学生能够在学习传统文化的过程中深入理解传统文化的精髓，积极思考传统文化在现代社会中的实际应用和意义。这样的教学方式能有效培养学生的文化传承意识，激发他们的创新思维。

这些校本课程的开发和实施极大地丰富了学生的学习内容，拓宽了他们的知识视野，更显著提升了我校的教育教学质量和整体办学水平。在党员教师的积极参与和不懈努力下，我校的教育教学工作焕发出新的活力，为学生的全面发展和个性化成长提供有力支持。

二、党员教师的显著成绩

（一）荣誉占比突出

党员教师在我校的各类荣誉中占据了较高的比例，充分彰显了"双培养"机制的显著成效。在高级教师队伍中，党员教师的占比颇为可观。我校目前有高级教师 21 人，其中党员达到 19 人。这些党员高级教师在教学领域有深厚造诣，凭借扎实的专业知识和丰富的教学经验，在课堂教学、教学研究等方面都取得了突出的成绩。他们不仅能够熟练运用各种教学方法，将复杂的知识深入浅出地传授给学生，还积极参与教学改革和创新，进而推动学校教学水平的整体提升。

党员教师在区级学科骨干的评选中同样表现出色。我校现有区级学科骨干 16 人，其中党员达 12 人。这些党员学科骨干在各自的学科领域发挥着引领和示范作用。他们经常参与区级教学研讨活动，分享自己的教学经验和研究成果，带动区域内教师共同成长。在学科教研活动中，党员学科骨干积极组织和参与课题研究、公开课展示等活动，为提高区域学科教学质量贡献了重要力量。

市、区级园丁奖是对教师教育教学工作的高度认可，党员教师在这一荣誉中也占比显著。近年来，我校市、区级园丁奖党员获得者达到 11 人。这些党员教师在教育教学过程中始终以学生为中心，关爱学生的成长，注重培养学生的综合素质。他们用自己的爱心、耐心和责任心赢得了学生和家长的广泛赞誉，成为广大教师学习的榜样。

（二）科研贡献显著

党员教师在科研工作中发挥了至关重要的作用，为我校的发展提供了强大的智力支持。从我校近年来的科研数据来看，党员教师在市、区级课题和区级科研项目中的参与率高达 100%。这表明党员教师积极投身科研工作，勇于探索教育教学中的未知领域，为推动我校的教育科研事业发展贡献了自己的力量。

其中，领衔人是党员的项目占比相当高。在 2020—2022 年间，领衔人是党员的项目占 68.7%；到了 2023 年，这一比例提升至 72.8%。这些由党员教师领衔的项目涵盖多个学科和领域。在教学方法研究方面，党员教师领衔的课题致力于探索更适合学生的教学模式，如"基于信息化手段的互动式教学方法研究"，研究如何利用信息技术提高课堂互动效果，提高学生的学习积极性和参与度。在课程开发方面，党员教师主导开发了一系列具有特色的校本课程，丰富了我校的课程体系，满足了学生多样化的学习需求。

党员教师的科研成果不仅数量众多，而且质量上乘。他们的研究成果在各级各类评选中屡获佳绩，为学校赢得了荣誉。这些成果在实际教学中得到了广泛应用和推广，对我校的教育教学改革产生了积极的作用。例如，课题"培养学生自主学习能力的教学策略研究"的成果应用于课堂教学，显著提高了学生的自主学习能力，学生的学习成绩和综合素质也得到了明显提升。这一成果还在区域内其他学校进行了推广，为推动区域教育教学质量的提升作出了贡献。

党员教师在科研工作中的积极投入和所作出的显著贡献不仅有效提高了我校的科研实力和水平，更营造了一个积极向上、充满活力的科研环境。在党员教师的榜样引领和带动作用下，越来越多的教师受到激励，纷纷加入科研工作的行列，学校内部逐渐形成了一种良性循环的科研生态体系。这种良好的科研生态促进了教师之间的学术交流与合作，进一步推动了学校教育教学质量的稳步提升。

三、党建引领的教师发展

（一）引领办学治校

我校党支部始终将党建工作视为学校发展的灵魂和核心动力，高度重视党建工作在办学治校中的引领和保障作用。党建工作不只是学校政治建设的重要组成部分，更是推动学校各项事业健康发展的关键因素。因此，我校将党建工作贯穿于办学治校的各个环节，从学校的发展规划制订到具体的日常教学管理，从师资队伍的建设和培养到学生的思想政治教育，党建工作始终发挥着不可或缺的作用。无论是宏观的战略布局还是微观的具体操作，党建工作存在于学校的每一个角落，确保学校在正确的政治方向上稳步前行。

在学校发展规划的制订过程中，党支部充分发挥了领导核心的作用，系统地、深入地学习了党的路线方针政策，紧密结合学校的具体实际情况及长远的发展需求，经过反复研讨和科学论证，最终制订出一套既符合时代发展要求、又独具学校特色的发展规划。这份规划明确了学校的办学目标、具体的发展方向和各项重点任务，特别将培养德智体美劳全面发展的社会主义建设者和接班人确立为学校的根本任务，确保教育目标的全面性和长远性。党支部高度重视将党建工作目标与学校整体发展目标进行有机结合，制定并实施了一系列具体措施和保障制度，确保党建工作能够为学校的发展提供坚实的思想引领和组织保障，从根本上推动学校各项事业的稳步前进和持续发展。

在日常教学管理过程中，党支部始终秉持着高度的责任感和使命感，积极推动党建工作与教学工作的深度融合，力求实现两者之间的有机结合与相互促进。为确保这一目标的顺利实现，我校构建了一套科学合理的党建工作与教学工作同步考核机制。这一机制明确将教师的党建工作表现作为重要指标纳入教学工作考核体系，从而有效激励广大教师在扎实抓好教学工作的同时积极主动地参与党建工作，形成教学与党建相互促进的良好局面。

党支部还进一步加强对教学全过程的监督和指导力度，开展党员教师示范课、教学质量评估等一系列富有成效的活动，着力促进教学质量的全面提升。在党员教师示范课活动中，党员教师充分发挥先锋模范作用，生动展示了先进的教学理念和教学方法，为其他教师提供了极具借鉴意义的学习范例，有效推动了教学水平的整体提升。

通过定期开展教学质量评估工作，党支部及时发现并准确把握教学过程中存在的各种问题和不足，并在此基础上有针对性地提出切实可行的改进措施，从而确保教学工作的顺利开展和持续改进。这一系列举措有力保障了教学质量的稳步提升，促进了党建工作的深入开展。

党支部在日常工作开展中尤为重视对教师队伍的思想政治教育力度，致力于全方位提高教师的政治素养及职业道德水平。我校制订了详细的学习计划，定期组织教师深入学习党的基础理论知识和最新方针政策以确保每一位教师都能紧跟党的步伐，不断夯实自身的理论基础；积极开展形式多样的思想政治教育活动，如专题讲座、研讨会等，引导教师群体树立科学的教育观、正确的价值观和高尚的职业道德观。

这一系列系统的学习和教育活动让教师对自身所承担的神圣职责有了更加深刻的认识，知道了作为教育工作者不仅要传授知识，更要肩负起为党培养合格建设者和可靠接班人、为国家培育栋梁之材的重任。这种认识极大地增强了教师为党育人、为国育才的强烈责任感和使命感。

党支部在具体的思想政治教育活动中注重运用生动鲜活的教育素材，如组织教师集中观看具有深刻教育意义的纪录片，借助影像的力量触动心灵；安排学习全国优秀教师的先进事迹，让教师从身边的榜样身上汲取精神力量，对照先进找差距，不断提升个人的思想政治素质和职业道德水平。通过这些举措，我校力求打造一支政治坚定、业务精湛、品德高尚的教师队伍，为教育事业的高质量发展提供坚实的人才保障。

（二）激励教师成长

党建活动是激励教师成长的重要平台。我校开展了丰富多彩的党建活动，不断增强教师的责任感和使命感，激发他们在教育教学工作中追求卓越的动力。

主题党日活动是开展党建工作的重要形式之一。它不仅是加强党员教育管理、提升党组织凝聚力和战斗力的有效途径，更是推动党建工作与学校教育教学深度融合的重要平台。主题党日活动紧密围绕党的中心工作和学校的教育教学任务，包含一系列富有教育意义和时代特色的活动内容，目的是通过多样化的活动形式增强党员教师的政治意识、大局意识、核心意识、看齐意识。

以"不忘初心、牢记使命"为主题的党日活动特别组织教师前往红色教育基地进行参观学习，其中上海淞沪抗战纪念馆是重点参观场所。教师认真观看历史文物和影像资料，深入了解革命先辈在艰苦卓绝的斗争环境中展现出的崇高精神。这些鲜活的历史素材让教师直观感受到革命先辈为民族独立和人民解放所付出的巨大牺牲，使他们的心灵深处受到了强烈的震撼和洗礼。

此次参观学习让教师明白今天的幸福生活是无数革命先烈用鲜血和生命换来的，来之不易，必须倍加珍惜，也使得他们进一步坚定了为教育事业奋斗终身的信念，纷纷表示要将革命先辈的崇高精神内化于心、外化于行，切实融入日常的教育教学工作。在今后的教学实践中，教师将更加注重培养学生的爱国情怀和社会责任感，努力将学生培养成为德智体美劳全面发展的社会主义建设者和接班人。参观结束后，教师反响热烈，表示此次活动不仅是一次深刻的思想洗礼，更是一次生动的党性教育，必将激励他们在今后的工作中更加奋发有为，为学校的发展和学生的成长贡献更大的力量。

我校还开展了丰富多彩的党员志愿服务活动，组织了一批热心公益的教师走进社区、深入家庭，全心全意为学生和家长提供全方位的帮助和细致周到的服务。在社区志愿服务活动中，我校的党员教师充分发挥专业优势，为社区内的学生提供耐心细致的课外辅导、温馨贴心的心理咨询等多元化服务，有效帮助学生解决了学习和生活中遇到的各种困难和挑战，为他们营造了一个更加和谐、积极向上的成长环境。在走进家庭的活动中，教师更是不辞辛劳，与家长进行深入而真诚的沟通交流，详细了解学生的家庭环境和成长历程，针对每个学生的具体情况为家长提供切实可行的教育建议和指导，有力地促进了家校之间的紧密合作与良性互动。参与这些富有意义的志愿服务活动让教师深刻体会到作为一名教育工作者的社会责任感，从而在实践中不断提升自己的服务意识和无私奉献的精神，为构建和谐社会贡献自己的力量。

在党建活动的具体实施过程中，我校特别注重树立和弘扬先进典型，充分发挥榜样的示范引领作用，带动整体教师队伍的素质提升。我校定期组织开展优秀党员教师评选活动，严格选拔在教学工作中表现突出的党员教师，然后对这些优秀党员教师的先进事迹进行广泛宣传和隆重表彰，利用校园网站、宣传栏等多种渠道，让他们的优秀事迹深入人心。

这些优秀党员教师在日常教学工作中始终兢兢业业、勤勤恳恳；在教学方法和内容上勇于创新，积极探索新的教学模式；在师德师风方面树立了良好的榜样，展现出高尚的职业道德和崇高的精神风貌。

他们的事迹既是对自身工作的肯定，也是对其他教师的一种激励和鞭策，促使其他教师以他们为榜样，努力提升自己的教学水平和师德修养，形成比学赶超的良好氛围。

为进一步推广优秀党员教师的教学经验和成长心得，我校专门组织了系列经验分享会。在分享会上，优秀党员教师详细讲述了自己的教学经验、教育心得及个人成长历程，毫无保留地与其他教师分享他们在教学实践中的成功做法和心得体会。这些宝贵的经验不仅为其他教师提供了可借鉴的范例，也为他们今后的教育教学工作提供了有益的启示，帮助他们在职业道路上不断进步和成长。希望这些举措能够全面提升教师队伍的整体素质，让我校的教育教学工作再上新台阶。

第三节　师德师风：教师榜样力量的传播者

师德师风建设在学校发展中占据着至关重要的地位。它不仅关乎教师个人的职业发展，更深刻影响着学生的成长与未来。一所学校要想培育出德智体美劳全面发展的学生，拥有一支师德高尚、师风优良的教师队伍是关键所在。我们一直以来都将师德师风建设视为学校工作的核心任务，借助多维度、全方位的举措着力提升教师的师德水平，发挥榜样教师的引领作用，营造积极向上的教育教学氛围。

一、师德教育的内化力量

（一）强调教师的职业道德和职业操守

教师的职业道德和职业操守是教育事业的基石，关乎着学生的成长和未来。为了提升教师的师德水平，我们组织了丰富多样的培训活动，力求将师德规范内化为教师的自觉行为。

每学年伊始，我们都会开展师德专题培训，邀请教育领域的专家学者、师德楷模来校讲学。专家深入解读《中小学教师职业道德规范》等相关文件，并结合生动的教育案例，让教师深刻理解师德的内涵和重要性。在一次培训中，专家详细阐述了关爱学生的具体表现，即教师不仅仅要在学生学习上给予帮助，更要关注学生的身心健康和情感需求。这些讲解让教师对关爱学生有了更清晰的认识，明白在日常教学中要注重与学生沟通交流，及时发现学生的问题并给予支持。

除了专家讲学，我们还组织教师观看师德教育影片。这些影片选取真实发生在教育一线的故事，展现了优秀教师在平凡岗位上的伟大奉献。教师观看完影片后会进行分组讨论，分享自己的观影感受。在讨论中，教师积极发言，有的表示被影片中教师对学生的无私关爱所打动，反思自己在教学中是否对学生的关心还不够细致；有的则从影片中学习到了新的教育方法和理念，思考如何将其运用到自己的教学实践中。这使得影片所传递的师德精神能够更好地被教师吸收和理解。

师德主题演讲活动也是我们提升教师道德水平和行为规范的重要方式。教师围绕"师德的力量""我心中的好老师"等主题，结合自己的教学经历，讲述自己对师德的理解和感悟。在演讲中，有的教师分享自己如何耐心帮助学习困难的学生克服困难，逐步提高成绩的故事；有的教师讲述自己如何在班级管理中尊重每一位学生的个性，营造和谐班级氛围的经验。这些演讲不仅是教师展示自我的平台，更是教师相互学习、共同进步的契机。倾听他人的故事能够帮助教师从不同的角度感受师德的内涵，从而不断反思和提升自己的师德修养。

（二）树立榜样典范，激发学习热情

树立榜样是激励教师提升师德的有效方式。我校注重挖掘在教育教学工作中表现突出的教师，表彰他们的先进事迹，为其他教师树立学习的标杆。

每学期，我们都会开展"师德标兵""优秀教师"等评选活动。评选标准涵盖教学成绩、关爱学生、师德师风等多个方面，确保评选出的教师具有广泛的代表性和示范性。我们在评选过程中鼓励教师积极自荐和相互推荐，采取民主投票和综合评审的方式，确保评选结果的公正公平。

对于评选出的榜样教师，我们会通过学校官网、校刊、宣传栏等多种渠道进行广泛宣传。学校官网的《教师风采》栏目详细介绍榜样教师的教育理念、教学成果及他们的先进事迹，让全校师生和家长都能了解他们的优秀之处。我们在校刊上开设《榜样的力量》专栏，刊登榜样教师的故事和经验分享，为其他教师提供学习的素材。我们还在学校的宣传栏中展示榜样教师的照片和事迹简介，让他们成为校园里的

"明星"，激励其他教师向他们学习。

在学校的年度表彰大会上，我们会为榜样教师举行隆重的颁奖仪式，邀请他们上台分享自己的教育故事和心得体会，让他们的经验能够在全校范围内传播。一位获得"师德标兵"称号的教师在分享中说道："教育是一场爱的修行，我们要用真心去关爱每一位学生，用耐心去引导他们成长。在这个过程中，我们自己也会收获满满的幸福。"她的分享引起了台下教师的强烈共鸣，许多教师表示深受鼓舞，要以她为榜样，在自己的教学工作中更加用心地关爱学生。

二、榜样教师的引领作用

（一）引领教育科研，助力共同进步

榜样教师是学校教师队伍中的佼佼者，他们在教育教学和科研工作中发挥着重要的引领作用。他们不仅具备高尚的职业道德和严谨的职业操守，还具备精湛的教学技艺和深厚的科研功底。他们的存在为其他教师树立了标杆和榜样，带动了整个教师队伍的进步和发展。

榜样教师在教学过程中积极探索、创新教学方法，勇于尝试新的教学模式。他们的课堂充满活力，注重培养学生的创新思维和实践能力。比如，我校的刘老师是一位教学经验丰富的榜样教师，他在语文教学中引入项目式学习法。他在教授一篇课文时会设计一个与课文相关的项目，让学生分组合作完成。学生在项目实施过程中需要进行资料的收集、整理、分析，以及小组讨论等活动。这些活动不仅让学生深入理解了课文内容，还锻炼了学生的团队协作能力和自主学习能力。其他语文教师看到刘老师的教学成果后，纷纷向他请教学习，刘老师也毫不吝啬地分享自己的教学经验和资源，帮助其他教师改进教学方法，提升教学质量。

在科研工作中，榜样教师同样发挥着带头作用。他们积极参与课题研究，勇于探索教育教学中的新问题、新方法。以我校的张老师为

例,他一直致力于研究如何利用信息技术提升学生的学习效果。他主持的课题"基于信息化平台的互动式教学模式研究"取得了丰硕的成果,提出了一系列有效的教学策略和方法。在他的带动下,学校里形成浓厚的科研氛围,许多教师主动参与科研项目,并向张老师请教科研方法和经验。张老师会定期组织科研交流活动,分享自己的研究心得和体会,帮助其他教师解决科研过程中遇到的问题,带动了整个教师团队科研水平的提升。

为了充分发挥榜样教师的引领作用,我们还建立"师徒结对"制度。我们鼓励榜样教师与青年教师结成师徒关系,采用传帮带的方式帮助青年教师快速成长。在师徒结对的过程中,榜样教师不仅传授教学经验和科研方法,还注重培养青年教师的职业道德和职业操守。师徒结对制度的实施帮助我们成功培养了一批又一批优秀的青年教师,为学校的长远发展注入新的活力。

(二)营造积极氛围,凝聚团队力量

榜样教师的示范和带动作用不仅体现在教育教学和科研工作中,还体现在教师团队的建设中。他们以自己的言行举止影响和带动身边的教师,助力形成积极向上的教师团队氛围。

教师在榜样的带领下纷纷投身到教育教学和科研工作。他们深入研究教材教法,积极探索新的教学模式和方法;关注学生的成长和发展,努力为孩子们提供更好的教育服务;积极参与科研活动,不断提升自己的科研水平和能力。在这个过程中,教师相互学习、相互借鉴、相互支持、共同进步,形成一种团结协作、积极向上的良好氛围。

榜样教师在团队合作项目中充分发挥引领作用,带领团队共同攻克难题。在学校组织的一次课程开发项目中,榜样教师陈老师担任项目负责人。教师在项目实施过程中遇到了课程内容整合、教学方法选择等诸多问题。陈老师带领团队成员深入研究,多次组织讨论,充分发挥每个成员的优势。在陈老师的引领下,团队成员们共同克服困难,

成功开发出一套具有特色的校本课程，为学校的课程建设做出了重要贡献。这次项目使得团队成员们不仅提升了自己的专业能力，也更加深刻地体会到了团队合作的重要性。

案例一

因为专业所以自信，因为自信所以更加专业

——宝山区特级教师评审述职报告

祁利国

我出生于 1966 年 3 月，本科期间就读于体育教学专业，民进会员，正高级教师，现担任学校工会主席。

1985 年 9 月，我在上海农场学校（位于江苏省盐城市大丰区）参加工作，任体育老师。1992 年 12 月，我调入上海市宝山区宝林路第三小学；1995 年 8 月，调入上海市宝山区实验小学，直至今天。

教育教学工作期间，我被上海市宝山区教育局授予第四、五、六届体育学科带头人，第五、六届区体育首席教师。2018 年，我被聘任为上海市学校体育评估中心专家成员。

经学校和教育局推荐，我参加了上海市教育系统第一期、第四期"双名工程"研修班学习，参加了上海市第一批新农村"培训者"体育研修班的培训。

我努力工作，追求进步，曾获得上海市园丁奖、上海市学校体育先进个人、上海市优秀体育教师；宝山区"五一劳动奖章"、宝山区"体教结合"工作耕耘奖、宝山区"文体工程"先进个人荣誉称号等。2008 年，我被教育局推荐加入上海市政府代表团，赴北京现场观摩奥运会开幕式。

一、在尊重岗位中，走向卓越的目标

自从参加学校体育教学工作以来，我始终忠诚于党的教育思想、政策与方针，积极投身于教育教学的改革与实施，热爱本职工作，热爱学生，为人师表，爱岗敬业，积极进取，钻研业务，无私奉献，与时俱进，为学校体育教学工作及宝山区学生阳光体育活动的开展尽心尽力，并取得了出色的成绩。

我在平凡又有意义的体育教师岗位上兢兢业业地工作了37年，心系操场，每天在运动场上看着学生快乐成长是我作为体育老师最欣慰的时刻。成为有理念、有行动并受学生喜爱的体育老师，是我一直努力追求的教育梦想。积极开拓，求新务实，努力使自己的教学特色与业务之长融入学校体育课程改革之中，让自己的"终身体育"教学理念浸入到学生的快乐成长之中，是我从优秀走向卓越的目标。

在不断提升自我的同时，我非常注重发挥区级骨干教师的辐射作用，这是一名老教师不可推辞的责任。为了推进学校及区域内各项体育教学工作的开展，我承接了学生各种区级体育赛事的策划组织工作，带领骨干教师研究团队，承担各类教师培训任务，开展教研活动，如公开展示课与讲座等，和校内外、区内外及外省市年轻体育老师共同分享自己的教学理念与经验。

二、在教学改革中，形成个人的特色

作为一线的体育教师，打造一流的体育课堂是我不懈的追求。我从1995年参加宝山区第一届"长江口杯"中青年教学大赛并获得一等奖起，20多年来，坚持打磨自己的体育课堂，努力提升自己的教学水平。

尤其是近几年，在上海市小学体育兴趣化教学改革的背景下，我深刻领悟文件精神，厘清思路，积极探索教学改革方式。让小学生在体育锻炼中享受乐趣是小学体育教学的重要前提与目标，获得运动技能是小学生提升学科核心素养、实现全面发展的关键，所以我在课堂上有机融合"兴趣与技能",实施"1+1=1"的体育教学基本理念,从而形成个人特色课堂。"兴趣"是体育的生命,是教学的前提,能激发学生参与体育活动的激情,但它又不是体育教学的根本,体育教学的主要任务是让学生获得一定的知识与运动能力。所以,在兴趣化体育教学中如何让"兴趣与技能"有机融合,是我近几年努力探索、研究的方向。不仅要在教学中培养学生兴趣,更要基于学生兴趣设计教学,这是我在实施体育兴趣化教学过程中坚持的原则。

2017年,已过50岁的我在上海市体育兴趣化教学改革现场研讨活动中又一次展示了一节公开课,每一次展示都是一次进步,并被体育教学专家和同行肯定和认可,这是我在成长中的最大收获。

三、在研修培训中,赢得科研的成果

在学校和区教育局的推荐下,我两次参加了上海市教育系统"双名工程"研修班的学习,参加了首批新农村"培训者"体育研修班的培训,在培训、学习中,我不断拓宽视野。

近几年,我立足课堂,将自己的研究目标与学校体育课程改革目标相衔接,基于学生的体育运动锻炼需求,紧紧围绕学生身心健康发展,开展了一系列行动研究。2018年,我研究的《校园体育兴趣化特色运动课程的构建》入选了全国小学体育活力校园优秀案例。

2020年,我参与的"兴趣化教学内容与方法的优化搭配与区域实践"区重点课题结项后,我又加入了徐阿根校长的市教委重大委托课题组,参加了"攻关计划"陈飚基地的课题研究。

2020年,我个人申报的上海市教育科学研究项目"小学体育课程的校本统整与实践研究"是基于课程内容整体设计,对目前校园各类体育教学资源进行统筹管理与系统规划的行动探索,为小学体育学科不断"加课增效"而出现的教学内容不合理与师资不足等问题提供了具体解决措施,也为新课程教材大单元教学设计及微课程的创建提供了实践依据,更为新课程小学体育教材编写提供了有价值的样本。

四、在合作交流中，担当引领的责任

作为区体育骨干教师团队领衔人，体育兴趣化教学工作室的主持人，培养青年教师是我的任务，也是我作为一名老教师的责任。

近几年，我被聘任为云南、新疆来沪培训的带教老师，区"青蓝工程"带教老师等。发现问题、攻克难题、相互合作、共同进步，是我引领青年教师团队一起实践与提升的理念。带教过程中，我认真负责地带好徒弟，手把手教，鼓励他们独立进行教学设计，独立申报课题研究，参与各种教学研讨活动。

近十几年来，本人所带教的有晋升为高级教师的，有获区、市教学一、二等奖的，有在市级研讨活动中展示公开课的，也有获得区教科研"先进个人"称号的。

另外，我还去上海农场学校支教了两年，带教了3所学校的3位体育老师，至今，我们还常常联系，相互讨论教学工作，结下了深厚的友谊。除带教个人外，我还给教师团队搭建各种教学活动展示平台，为他们主编论文集、案例集、教案精选集等，让他们有充分展示和提升自我的平台。

2019年12月，我本人策划组织了一次比较大的线下活动，由"攻关计划"基地成员、市师资培训中心青年体育教师骨干班以及全区体育老师共同参与的"寻教学之源，展课堂之趣——教学研讨课与教师技能展示活动"。活动上，我作了主题交流汇报，青年教师的教学风采和专业运动技能得到了展现。活动精彩，成效斐然，得到了现场观摩的教育局、教育学院领导及到场专家的称赞。

2022年12月，上海市小学体育"落实新课程推进5＋2"研讨交流活动以线上线下结合的方式开展，这又是一次体育团队锻炼提升的机会，活动得到了领导和专家的一致好评。

五、在砥砺前行中，做出更多的贡献

"课堂教学永远是一门遗憾的艺术。"教与学的结合永远不会十全

十美，教师应该不断学习、反思、总结、提升。尽管我在小学体育教学领域已取得许多成就，获得许多荣誉，但我仍需不断改进教学方式，在实施新课程方案、新课程标准的背景下，要基于学生的核心素养，秉持"健康第一"的理念，加强课程探索、研究，积极开展教学实践，努力提升学生的关键能力，养成学生的必备品质。

2022年，我晋升为正高级教师，加盟了上海市中小学体育教学专家行列，这既是荣誉又是鞭策，需要自己更加努力发挥带头作用，为上海市学校体育课程改革展现更多智慧。未来，我会在教育科研、教学实践、指导学生、带教老师等各方面工作齐头并进，不辜负区首席教师的称号，坚守体育教学阵地，再为新课程、新标准、新理念的推进与落实做出更多贡献。

案例二

满怀立德树人教师情怀，展现自强不息青春风采

——第九届宝山区教育系统"十佳青年"周游同志先进事迹

一、赓续"诚敬勤朴"百年校训人文基因以奠定品格底色——爱岗敬业、为人师表

十年前，周游怀揣着教育梦想踏入上海市宝山区实验小学，在大二时就入党的她，始终严格要求自己，注重提高党性修养，在学陶、师陶和传承校训的师德师风建设中，认真学习和实践。"诚：对教育事业忠诚热爱；敬：对教育科学敬畏遵循；勤：对教育工作勤勉笃行；朴：对教育作风朴实严谨。"她把赓续百年校训人文基因作为使命担当，并以此奠定品格底色。

　　十年来，她传承师德风范，践行"立德树人"的根本任务，被评为宝山区实验小学"心目中的好老师"和宝山区教育系统"优秀志愿者"。

二、挑起一个个工作重担是考验、是锻炼、是成长——敢于担当、勇挑重担

　　青年教师周游工作踏实肯干，任教语文学科的同时，先后在班主任、大队辅导员、科研联络员、校务、德育主任等岗位上任职。2020年，她在任教毕业班语文的同时，负责学校科研和校务工作，还担任学校PBL跨学科团队负责人。面对不同条线的工作，她服从组织、任劳任怨，出色完成领导安排的各项工作任务。

　　负责学校科研工作期间，她多次组织全体教师开展科研培训，组织并指导2021年度教育教学区级课题申报工作，立项率高达80%。之后，她又多次指导学校教师进行市级青年课题及项目申报，成功立项。

三、一次次对学历的追求淬砺自身素养——学无止境、追求卓越

　　青年教师周游学习能力强，专业基础扎实。从事教育工作至今，她不断进行学历提升。2016—2019年，她在同济大学完成教育硕士课程，取得研究生学历。并且，她也对自己发出新的挑战，申请攻读教育博士。

　　2022年9月至2023年1月，她参加长三角中小学优秀后备干部跨省市挂职锻炼，挂职于安徽省合肥市梦园小学教育集团天柱路学校（东区），担任校长助理，这期间她进一步提高了自己的专业水平以及科研与管理能力，得到校方的高度好评和赞扬。

四、上好每堂课是教师最大的责任和乐趣——扎实教学、辛勤耕耘

　　青年教师周游立足小学语文教学第一线，认真上好每一堂语文课。她注重语文学科工具性和人文性的融合，小课堂与大语文的融合，研究教材与研究学情的双案融合，线上同侪课堂与教育信息化的融合。在课堂实践方面，她能够熟练掌握线上线下相融合的混合式教学模式，

利用 ClassIn、钉钉等平台进行多场景同步教学、线上学习空间打造等。

她积极参加区级"青蓝工程"教学展示活动，她教授的"五彩池"课堂得到与会专家和同行的认可和好评。她所撰写的《从理解到语用，提升课堂效能——五星教学模式在小学语文课堂教学中的应用初探》在上海市小学语文教学优秀论文评比中获三等奖。

五、实践、研究和笔耕是砥砺成长和成熟的必由之路——严谨治学、注重科研

青年教师周游负责学校的多个项目与课题研究，完成上海市"义务教育项目化学习三年行动计划"项目实验校、上海市 2021 年度阳光计划、上海市行为规范示范校的申报工作。

她担任学校多项重点课程开发工作负责人，设计了"宝小桥"家长学校课程、"'零食'加油站"特色食育课程等多个跨学科项目化学习课程。

她担任多项市、区级课题核心组成员，主持市、区级多项课题。她的多篇论文获市、区级奖项，并公开发表或出版，她的财商课程教学设计获 2014 年上海市小学生理财教育优秀教案评选一等奖，并被收入《2014 年小学生理财教育优秀教案集》，文章《小学劳动主题行为规范教育课教学设计》在《现代教学》公开发表。

六、张开创新的翅膀，翱翔教育改革的长空——与时俱进、勇于创新

青年教师周游思维活跃，具有创新意识。作为"上海市义务教育项目化学习三年行动计划"种子教师，她积极带领青年教师开展 PBL 理论学习，并进行跨学科项目实践探索，先后开发跨学科项目"种子智培计划""几何图形巧收纳""跟着土豆去旅行"等，完成项目化学习设计，并撰写项目实践案例，案例获上海市义务教育项目化学习三年行动计划结项暨上海市项目化学习案例库征集二、三等奖。

2021 年，她负责学校的对外宣传工作，先后制订了学校微信推送实施方案及微信团队培训制度，优化了学校微信推送流程，提升了学校微信推送内容的可读性和时效性。

七、青春的爱心奉献让绿色校园如沐春风——志愿服务、乐于奉献

青年教师周游热心公益事业，富有敬业精神和奉献意识。2019 年，她前往新疆喀什地区巴楚县，为当地 100 多名居民和两所小学的 200 多名学生开展为期七天的公益支教活动，获得上海援疆前指、当地政府部门、学校和社区的一致赞扬。

2020 年，她坚持每天为学生进行线上教学，并主动报名参加社区志愿者服务，发挥了党员的先锋模范作用。

青年教师周游喜欢用"海阔凭鱼跃，天高任鸟飞"作为自己的座右铭。周游大江大河乘风破浪，耕耘绿色校园桃李芬芳。她说过："教师是职业，更是事业。教师的工作岗位，不是可以贪图安逸的避风港和铁饭碗。"她以自己的实际行动在青年教师中发挥榜样示范作用，也证明了教师之于社会的意义和价值。

第五章

管理驱动——指引未来学校前行航向

19. 如何精准把握师生需求,确保管理措施切实满足他们的发展期望?

20. 如何确保各层级职责清晰,避免出现管理混乱?

21. 怎样进一步优化项目团队和工作坊的运作机制,使其在促进部门协作方面发挥更大效能?

22. 在学校管理制度创新与完善方面,该采取哪些具体举措?

第一节　以人为本：管理模式探究的实践者

为了在当前日益激烈的教育市场竞争中稳固自身地位并取得持续优势，我们必须坚持不懈地深入探索并积极创新管理理念与模式，方能有效适应时代快速发展的步伐以及教育领域不断变化的多元需求。接下来，我将从以下几个关键方面进行详细阐述：首先，以人为本的管理理念强调将人的全面发展置于核心位置，关注师生的个性化需求与成长；其次，扁平管理模式的探索利于打破传统层级结构，提升管理效率与响应速度；最后，数据驱动的管理决策强调科学挖掘与分析数据，从而为管理决策提供精准依据。这三个方面共同构成我们在管理理念与模式革新上的系统实践与深入探索。

一、以人为本的管理理念

（一）以人为本，尊重师生

我们在宝山区实验小学的教育管理实践中始终坚持"以人为本"这一核心理念，并视其为管理的精髓与灵魂所在。"以人为本"绝非是仅仅停留在口头上的空洞口号，而是已经深深植根于我们每一位教育管理者骨髓中的实际行动指南。这一理念的核心要义在于高度重视并充分尊重师生的教育主体地位，细致关注并满足他们在教育教学过程中的多样化需求，全面促进他们的个性化成长与发展，唯有此，才能真正构建起一个和谐、融洽的校园环境，进而有效提升学校的教育教学质量，为培养德智体美劳全面发展的社会主义建设者和接班人奠定基础。"以人为本"不仅是我们的管理准则，更是我们不懈追求的教育理想。

1. 尊重师生主体地位

我们在学校的日常管理工作中始终将广大师生视为推动学校持续发展的核心主体，充分尊重并重视他们的宝贵意见和自主选择。我们在学校各项事务的决策过程中始终抱着开放包容的态度，积极倾听来自师生群体的真实声音。我们专门设立了教职工代表大会、学生会等多种沟通渠道，为广大师生提供充分表达意见和建议的平台，确保他们能够切实参与学校管理的各个关键环节。这种深入而广泛的参与模式不仅有效增强了师生对学校的归属感，培养了师生的主人翁意识，同时也提升了决策过程的科学性、合理性和民主性，促进学校和谐稳定地发展。

我们还特别重视并致力于促进师生的个性化发展。具体来说，我们明白每个学生都是独一无二、具有鲜明个性的个体，他们不仅在兴趣爱好上存在显著的差异，而且在特长领域和发展需求上各不相同。我们基于这一理念，在具体的教育教学实践中积极倡导并鼓励学生依据自身的兴趣偏好和特长优势自主选择与之相匹配的课程内容和课外活动，从而为学生提供一个充分展示自我、挖掘潜能的平台，确保每个学生都能在适合的领域得到最大程度的成长和发展。

同样地，我们对教师队伍也持着尊重与支持的态度，充分关注并满足他们的专业成长需求。我们设计并提供丰富多样的培训项目和发展机会，以帮助教师不断更新教育理念，有效提升教学技能，进而持续优化自身的教育教学水平。我们期望依托这种全方位、个性化的支持体系构建一个师生共同成长、相互促进的良好教育生态。

2. 关注师生需求发展

在以人为本的核心管理理念下，我们明白密切关注师生群体的多元化需求及其持续发展，乃是稳步提升整体教育质量、实现教育目标的关键所在。鉴于此，我们始终将满足师生的实际需求置于一切工作的优先位置，竭尽全力为他们营造一个更加优越、舒适且富有成效的学习与工作环境，以期最大限度地激发师生的潜能，促进教育教学活动的顺利进行和持续优化。

（1）关注学生的需求和发展

关注学生的需求和发展是我们教育工作的核心任务。这不仅意味着我们要密切关注学生在学业上的各种需求，确保他们能够获得高质量的教育资源和学习支持，更意味着我们要全面关注学生的身心健康和综合素质的发展。为此，我们特别加强心理健康教育的力度，还专门配备具有专业资质的心理健康教师团队，系统性地开设心理健康教育课程，提供全方位的心理咨询服务。这样做的目的是帮助学生有效应对和解决在学习和日常生活中可能遇到的各种心理困扰和问题，确保他们的心理健康得到良好的维护和发展。

我们也高度重视学生的身体素质和艺术修养的提升。我们加大了体育和艺术教育的投入，积极组织开展形式多样、内容丰富的文体活动。这些活动既能培养学生的体育锻炼习惯，又能提升学生的艺术素养，有利于学生身心健康，实现全面发展。例如，我们每年都会定期举办运动会、艺术节、科技节等一系列大规模活动，为学生搭建展示才华和特长的广阔平台。学生在这些活动中不仅能够充分锻炼和提升自己的各项能力，还能在实践中培养团队合作精神和创新精神。

（2）关注教师的需求和发展

关注教师的需求和发展无疑是"以人为本"管理理念的深刻、具体体现。教师在职业生涯中所面临的需求是多层次且多元化的，不仅涵盖基础的物质需求，如薪资待遇和办公条件，还包括更高层次的职业发展需求，如专业技能的提升和职位的晋升，以及不可或缺的精神需求。为了全方位地满足教师的需求，我们必须为教师打造一个优越的工作环境，创设良好的工作条件，这不仅意味着要持续提高教师的福利待遇，确保他们的生活水平得到提升，更要切实解决他们在生活中遇到的各种问题，免除他们的后顾之忧，从而让他们能够心无旁骛地投入教育教学工作。

我们致力于构建一套全面而完善的教师培训体系和职业晋升机制，以帮助教师实现职业发展。例如，我们定期且系统地组织教师参加各类专业培训活动，向教师传授最新的教育理念、教学方法和技术手段等内容；积极举办或鼓励教师参加高水平的学术研讨会和教学观摩活动；等等。教师在这些活动中不仅可以拓宽视野、丰富经验，更能实现教育理念和教学技能的持续更新与提升。我们还着力为教师搭建多元化的职业发展平台，充分激发他们的潜能和创造力，鼓励并支持教师积极参与课题研究、课程开发、教学竞赛等丰富多彩的专业活动。我们会根据教师的工作业绩、专业能力，以及所做出的贡献，给予他们相应的职称晋升和荣誉表彰，以这种方式肯定他们的努力和成就，进一步激发他们的工作热情，培养他们的职业归属感。

（二）民主和谐，激发潜能

民主、平等、和谐的校园氛围不仅是激发师生积极性和创造性的重要土壤，更是促进教育质量和学校管理效能全面提升的关键因素。理想的教育环境下，师生之间能够平等交流，相互尊重，每个人的意见和建议都能得到充分的重视和回应。开放包容的环境能极大地调动师生的主观能动性，使他们更加积极主动地参与教学和学校管理工作，从而不断迸发出新的创意和活力。民主、平等、和谐的校园氛围也有助于形成良好的校风和学风，使学校的管理工作更加顺畅、高效，从而使学校实现长远发展。

1. 营造民主、平等、和谐的氛围

我们倡导民主平等的管理理念。无论是学校领导，还是普通教师、学生，都是学校大家庭中的一员，都应该享有平等的权利和机会。我们鼓励师生积极参与学校管理，并发表自己的意见和建议，利用教职工代表大会、学生会等渠道参与学校管理的各个环节，共同为学校的发展出谋划策。

要想提升学校管理的效能，我们必须要注重和谐关系的构建。在校园中，师生之间、教师之间、学生之间应建立良好的人际关系，相互尊重、相互支持、相互帮助。我们开展各种团队活动和交流活动，以增强师生之间的沟通和理解，营造和谐的校园氛围。友好、和谐的氛围能够激发师生的积极性和创造性，使他们在工作中更加投入、更加努力。

除此之外，学校管理者还应关注师生的心理健康，为师生提供必要的心理支持和帮助，例如，设立心理咨询室，为师生提供心理咨询服务；开展心理健康教育活动，帮助师生掌握心理调适的方法和技巧；等等。这些措施使我们能更好地关注师生的心理健康，从而促进他们的全面发展。

2. 激发师生的积极性与创造性

在充满民主与和谐氛围的校园环境中，教师和学生的积极性和创造性得到前所未有的激发。他们畅所欲言，毫无保留地表达自己的独特观点和创意想法，同时也敢于大胆尝试各种新颖的事物和不同的方法。这种积极向上、充满活力的氛围不仅显著提高了师生在工作和学习中的效率，使每个人都能以更高的热情和动力投入日常的教与学中，同时也极大地提升了学校的整体创新能力和持续发展水平，为学校营造了一个良好的教学生态环境。

我们始终积极鼓励和支持教师在教育教学中勇于打破常规，大胆创新，敢于尝试和探索各种新颖的教学方法和多元化的教学手段。我们定期组织和开展各类教学研讨会、教学观摩活动，为教师搭建相互学习、交流经验的平台，让他们能够在彼此的分享中不断汲取新的教学理念，丰富自己的教学技巧，从而持续提升自身的教育教学水平和综合素质。我们也高度重视学生创新意识和实践能力的培养。我们专门开设了一系列科技创新课程，并积极组织学生参与各类科技竞赛活动。这些丰富多彩的实践活动让学生在亲身参与和动手操作中切实锻炼和提升自己的创新思维和实践操作能力。

二、扁平管理的模式探索

（一）扁平管理

扁平管理是现代学校管理领域涌现出的一种创新性管理模式，其核心理念在于通过精简管理层次、优化管理流程，提升决策制定和信息传递的效率。这种管理模式摒弃了传统的金字塔式多层管理架构，转而采用更为紧凑、直接的管理链条，使得指令和信息能够在最短时间内直达基层，减少了中间环节可能带来的延误和偏差。在实际操作中，扁平管理模式的应用能够使学校的整体运作更加灵活、高效，无论是在教育教学改革的深入推进上，还是在突发事件的紧急处理上，学校都能针对问题迅速作出反应，及时调整策略，确保各项工作顺利开展。

1. 减少管理层次

扁平管理模式的核心在于尽可能地减少冗余的管理层级，从而确保决策层能够以一种更为直接和高效的方式与基层的师生群体进行全方位的沟通与互动。在我校的具体实践中，以往的管理架构显得较为臃肿，校长决策层与一线教师层面中间横亘着多个层级，这不仅使得信息在逐级传递的过程中容易失真，还往往出现信息传达延误的情况，最终使决策效率大打折扣。为了彻底扭转这一不利局面，我校对现有的管理层级进行了大幅度的精简与优化，着力构建起一个更加简洁、高效且富有活力的新型管理架构。在新的架构下，校长不再仅仅依赖于传统的层级汇报体系，而是能够直接与各部门的负责人、各年级的组长以及各学科的带头人进行面对面的沟通与紧密的协作。这一举措有效剔除了信息传递过程中的诸多不必要环节，不仅极大地提升了信息传递的速度，更确保了信息的准确性和时效性。

以学校的教学改革工作为例。在传统管理模式下，教学改革方案由校长提出，在层层传达后，教师收受指令并开始实施，这一过程往往需要较长时间，而且信息在传达中可能会出现偏差，导致教师对改革方案理解不透彻，执行不到位。而在扁平管理模式下，校长能够直接与学科带头人、骨干教师进行深入研讨，共同制定教学改革方案，一线教师能够将自己在教学实践中遇到的问题和自己的实际需求直接反馈给校长，这使改革方案更具针对性和可操作性。方案在制定后能被迅速传达到全体教师，并在教学实践中得到快速推进，取得良好的效果。

2. 优化管理流程

我们在扁平管理模式的实际运作中特别注重持续优化和改进管理流程，精简和剔除那些不必要的中间环节及冗余的信息内容，有效提升信息传递的准确性和时效性。如在信息传递方面，我们构建了一套完善且高效的信息发布和反馈机制。我们借助学校官方网站、微信公众号等多种现代化信息传播渠道，能够迅速且准确地发布各类重要信息和通知，确保信息的广泛覆盖和及时传达。我们还积极倡导和鼓励广大师生主动参与信息反馈和交流活动，积极建言献策，共同为各项工作的不断改进和学校的长远发展贡献智慧和力量。这种双向互动的信息交流模式不仅提升了学校的管理效率，也增强了师生的参与感和归属感。

在业务处理方面，我们始终坚持精益求精。我们积极引入一系列先进的信息化技术工具，如高效便捷的 OA 系统、功能全面的在线审批平台等，来实现业务的自动化和智能化处理，迈向管理新阶段。这种创新的管理方式不仅极大地提升了学校业务处理的效率，确保各项任务能够迅速、准确地完成，同时也显著提高了教育教学工作质量，使工作的每一个环节都更加规范、精细。更为重要的是，这种智能化管理手段帮助我们有效减少了人为因素的干扰，降低了人为失误导致的错误率，从而推动学校的稳健、持续发展。

（二）协作与沟通

在扁平管理模式的运作框架下，协作与沟通是提升学校管理效能的核心要素。我们构建多样化的协作平台，如成立专门的项目团队、定期举办工作坊等，有效促进不同部门之间的紧密协作与顺畅沟通。这不仅有助于打破部门间的壁垒，还能显著增强学校管理体系的灵活性和适应性，使学校能更好应对外部变化，从而全面提升管理水平和运营效率。

1. 建立项目团队

项目团队是针对特定的学校发展项目或具体任务而专门组建的一种临时性组织结构，其成员构成涵盖学校内部不同职能部门的人员和各个学科领域的专业人士。这种跨部门、跨学科的紧密合作模式使项目团队能够充分挖掘和利用每一位成员所具备的专业知识和技能优势，进而实现项目资源的优化配置和高效利用。

为有效推进智慧校园建设项目的落地，我们组建了一支多元化的项目团队，其成员包括信息技术领域的教师、各学科的教学骨干及具备丰富管理经验的管理人员等。信息技术教师在这一项目中扮演着技术核心的角色，他们负责提供全面的技术支持，包括智慧校园平台的搭建、系统的维护与升级等工作；学科教师则基于自身的教学实践和需求，积极提出针对功能模块设计的宝贵建议，并亲自参与平台的试用环节，及时反馈使用体验和改进意见；而管理人员则从学校整体管理的视角出发，对智慧校园平台的整体规划、运营策略及管理流程进行全面的协调和专业的指导。在项目团队的共同努力下，我校的智慧校园建设取得显著成效，实现了教学资源的数字化、教学过程的智能化，以及家校沟通的便捷化。

2. 开展工作坊活动

工作坊是一种以实际问题为导向，以深入研讨和具体实践为主要形式的学习型组织模式。我们定期策划并组织不同主题的工作坊活动，如课程改革工作坊、教学方法创新工作坊等，且在活动中特别邀请相关领域的知名专家、资深学者以及奋战在教学一线的教师共同参与。参与者在活动中围绕某一特定问题展开全面而深入的探讨，积极分享各自的教学经验和独到见解，齐心协力探索切实可行的解决方案。工作坊活动的开展不仅有效促进了教师之间的广泛交流与紧密合作，还极大地激发了教师的创新思维，有力推动了学校教育教学改革的持续深入发展。

在一次专门针对课程改革的工作坊活动中，教师就"如何在各自的学科教学中巧妙融入跨学科元素"这一议题展开了热烈讨论。教师结合自己的实际教学经验分享了许多成功案例和行之有效的教学方法。例如，在语文教学中巧妙融入历史和地理知识，以丰富学生的文化底蕴；在科学教学中灵活渗透数学和艺术元素，以培养学生的综合思维能力；等等。这次富有成效的工作坊活动让教师对跨学科教学的理念和实践方式有了更深刻的理解和更全面的认识。许多教师在活动结束后纷纷将跨学科教学的理念和方法应用到自己的日常教学实践中，不仅极大地丰富了教学内容，还显著提高了学生的综合素质和能力。

三、数据驱动的管理决策

（一）收集分析

在现代学校管理中，数据驱动的管理决策已经成为一种趋势。学校运用大数据技术收集和分析学生学习、教师教学及学校运行等各类管理数据，可以为决策提供科学依据。

1. 收集学生学习数据

在学生学习数据收集方面，我们充分利用信息化教学平台的优势，全方位、无死角地记录学生在整个学习过程中的各项细节以及最终的学习成果。我们依托功能强大的在线学习平台能够精准获取学生参与课程学习的具体时长、对课程内容的回看次数、作业的提交情况，以及每次考试的成绩等关键数据；借助先进的智能教学设备能有效了解学生在课堂上的互动参与情况，收集学生举手发言的次数、答题的正确率、在小组讨论中的表现等多个维度的数据。这些丰富的数据从多个不同的角度全面反映了学生的学习状况，为教师深入了解学生的学习状态、及时发现并解决学生学习过程中存在的问题提供了极为宝贵的信息支撑。

例如，对学生作业提交数据进行分析时，我们注意到有部分学生存在经常性作业提交延迟的现象。进一步深入分析后，我们发现这些学生在学习时间管理方面普遍存在问题，无法按时完成作业。教师针对这一数据反馈迅速采取行动，对这些学生进行了有针对性的学习时间管理指导，帮助他们科学、合理地安排学习时间，从而有效提高学习效率，确保学习效果。这种基于数据的精准指导和个性化干预不仅有助于学生个体的成长，也推动了整体教学质量的提升。

2. 收集教师教学数据

我们着重从教学过程和教学效果两个核心维度进行教师教学工作方面的数据收集和分析工作。在教学过程方面，我们依托先进的教学平台，详细记录教师的教学设计方案、教学资源的具体使用情况，以及课堂教学活动的组织与实施细节等全方位数据。这些数据不仅体现出教师的教学准备和课堂执行情况，还反映了教师的教学方法和策略选择。

在教学效果方面，我们积极收集多方面的反馈信息，采取问卷调查、访谈等方式广泛收集学生对教师教学的评价数据，了解学生对教师教学内容的理解程度及对教学氛围的满意度等，以此了解教师教学的有效性。我们还密切关注教师所教班级的学生学业成绩变化情况，对比分析不同时间段学生的学业成绩数据，并客观评估教师教学对学生学业进步的实际影响。

综合多维度分析教学数据，学校能够全面、准确地了解每位教师的教学水平和教学质量，发现教师在教学过程中的优势和不足，进而为教师的专业发展提供有针对性的指导和建议。这不仅有助于提升教师的教学能力，还能促进学校整体教学质量的持续改进和优化。

3. 收集学校运行数据

学校运行数据的收集涵盖学校管理的各个方面，包括校园安全、后勤保障、设备设施使用情况等。查询校园监控系统、设备管理系统可以帮助我们收集校园安全事件发生频率、设备故障次数、后勤服务满意度等数据。这些数据能为学校的日常管理和资源配置提供重要参考。如学校分析校园安全事件数据后，发现某个区域在特定时间段内安全隐患较高，于是加强该区域的安保力量和安全设施建设，以有效降低安全事件的发生概率。

（二）数据驱动决策

我们在收集和分析各类管理数据的基础上进行科学决策，以此实现管理的精准化、科学化与智能化。运用大数据技术，挖掘学校工作的各方面数据，分析数据背后的规律和趋势等，可以为决策提供更加精准、科学的依据。同时，我们可以借助数据驱动的管理决策模式来提高决策效率和学校管理水平。

1. 实现精准化管理

在数据驱动的管理决策模式下，学校管理愈加精准化。学校借助先进的大数据技术能够深度挖掘和分析学生学习情况、教师教学效果及学校整体运行状况等各方面的管理数据。这种深度的数据分析使我们不仅能够精准洞察数据背后潜藏的规律与趋势，还能清晰地把握学校的实际运行状况，以及师生需求的动态变化。学校管理层基于多维度的信息与数据制定出极具针对性和实效性的管理策略与改进举措，从而有效提升管理效率和管理质量，推动学校整体管理水平迈上新台阶。

以招生工作为例，学校对历年招生数据进行全面梳理和深度挖掘后，能够精准预测未来几年招生形势的走向与变化趋势，并且可以基于这些预测结果制定出契合实际情况的招生计划与策略，确保招生工作有的放矢，切实提高招生工作的效率与质量，吸引更多优质生源。在财务管理方面，学校借助大数据技术的强大分析能力，深入剖析财务收支数据的内在规律与趋势，能够准确预估未来的财务状况及预算执行情况，从而制定相应的财务管理策略与改进措施，优化资源配置，提升资金使用效率，显著提升财务管理的效率与质量。

2. 实现科学化决策

数据驱动的管理决策为学校管理的科学化进程提供了坚实而有力的支撑。学校能利用大数据技术的强大功能，深入挖掘和分析各类管理数据背后隐藏的规律与趋势，从而为管理决策提供更加精准、科学且可靠的依据。这种基于数据的决策模式不仅能够有效提升决策的效率和精准度，还能显著提高决策的质量，同时大幅降低决策过程中可能出现的失误和风险。

学校在教学管理领域借助大数据技术，可以对学生的学习数据进行全面分析，了解学生学习过程中的规律与趋势。客观的数据分析能让学校科学评估不同教学方法和手段的实际效果及其对学生学习的影响。基于这些分析结果，学校可以制定出更具针对性和实效性的教学计划与策略，从而切实提高教学的整体效果和质量。

在教师管理方面，学校对教师教学数据进行深度挖掘与分析，从而准确评估每位教师的教学水平及其专业素养。这种基于数据的评估方式不仅更加客观公正，还能为教师的专业发展提供有力支持。学校可以基于评估结果为教师制定个性化的培训与发展计划，帮助教师不断提升自身的专业素养和教学水平，进而推动学校整体教学质量的持续提升。

3. 实现智能化管理

数据驱动的管理决策不仅为学校管理提供了科学的依据，还有助于推动学校管理向智能化、高效化的方向发展。运用人工智能等前沿技术对学校各类管理数据进行挖掘与分析，能够及时、准确地自动识别并预测可能出现的问题与潜在风险。这些智能化管理手段不仅可以显著提高学校的管理工作效率，优化管理模式，还能有效降低管理过程中的人力成本，帮助学校规避各类风险。

　　在校园安全管理领域，运用人工智能技术构建一套智能化的校园安全监控系统，能够实现对校园内各个角落安全状况的实时监测，及时捕捉异常情况。一旦系统检测到安全隐患或人员异常行为，便能迅速自动发出预警信号，极大地提升了校园安全问题的处理速度和校园安全管理的整体质量。在教学管理方面，利用人工智能技术搭建一套智能化的教学管理系统，能够实时跟踪和记录学生的学习情况与进度变化，及时、自动地识别并预测学生可能面临的学习问题。学校依据精准的数据分析可以为学生提供更加个性化的、有针对性的教学辅导等支持服务，从而全面提升学生的学习体验。

第二节　制度升级：学校管理制度的优化者

在教育改革不断深化的背景下，管理制度的优化升级是推动学校持续发展的核心动力。我们只有不断创新管理制度，才能激发学校的内在活力，为师生营造一个更加和谐、高效、绿色的学习与生活环境。近年来，我们围绕教学、学生、教师和后勤等方面，积极推进管理制度的优化升级，意在为师生创造更优质的教育环境，推动学校持续发展。

一、教学管理的制度改革

教学管理作为学校管理体系的核心组成部分，其重要性不言而喻，它不仅直接决定教学质量的优劣，更是深刻影响每一位学生的成长轨迹和发展前景。鉴于此，我们始终秉持积极探索、勇于创新的态度，致力于对现有的教学管理制度进行全方位的改革与优化。我们的目标在于，通过这些改革举措为学生赋予更多的自主选择权，从而激发他们的学习热情和内在动力。此外，我们也在增强教学管理的有效性上下功夫，确保各项教学活动能够有序、高效地开展。

（一）学分制管理创新

在传统的教学管理模式下，学生的学习进度和课程选择往往被严格限定在既定的框架内，呈现出相对固定且缺乏弹性的特点，这使得学生在学习过程中难以根据自身的兴趣和能力进行灵活调整，从而在一定程度上限制了他们的学习自主性和个性化发展。为了更好地满足学生日益增长的个性化发展需求，我们积极投身于学分制管理的创新实践之中，力求为学生提供更为广阔的自主学习空间，使他们在课程选择、学习进度安排等方面拥有更多的自主决策权，进而有效提升教学管理的针对性和有效性。

在学分制管理模式的具体实施过程中，我们高度重视并着力关注以下几方面的工作。

1. 课程设置的多样化

为了满足学生多元化的学习需求，我们构建了较为完备的课程体系，设计并提供了多样的课程供学生自主选择，涵盖基础课程、拓展课程以及探究课程等多个类别。学生可以根据自身的兴趣爱好、特长优势及未来发展方向，灵活地选择最适合自己的课程，并进行深入学习。以独具特色的"绿色地球村"校本课程为例，学生可以选择参与环保科普知识的学习，了解环境保护的重要性；可以亲身投入垃圾分类的实践活动，掌握垃圾分类的方法与技巧；还可以选择绿色植物的养护课程，学习如何照料和培育绿色植物，感受大自然的魅力。这些课程不仅内容丰富、形式多样，而且都设置了不同的学分值，能充分满足学生的个性化学习需求，为他们提供广阔的学习空间和发展平台。

2. 学习进度的灵活性

在学分制管理模式下，学生可以根据自身的学习能力和实际进度灵活、自主安排学习时间。那些学习能力较强、进度较快的学生完全有机会提前完成课程学习，并顺利获得相应的学分；而那些在学习过程中遇到困难或需要更多时间消化知识的学生也可以在合理的范围内延缓自己的学习进度，以确保学习效果。这种灵活性设计不仅为学生提供了更为广阔的自主学习空间，还极大地激发了学生的学习积极性和主动性，从而提升整体学习效果。

3. 学习成果多元化评价

在传统的考试评价模式之外，我们积极引入项目式学习评价、实践操作能力评估、口头报告展示等多种创新性评价手段，力求从多个维度全面、客观地评价学生的学习成果。我们借助多元化的评价方式，在评价中不仅注重对学生的学习结果进行考量，更注重对学生在学习过程中的表现进行评价，包括学生的学习态度、方法运用、团队合作能力及问题解决能力等。对学生进行过程性评价有利于学生实现知识、能力、素养等方面的提升，从而培养出发展更全面的优秀人才。

自从学校正式推行学分制管理模式以来，学生在学习过程中的积极性和主动性均呈现出显著的提升态势。因这种管理模式具有较强的灵活性，学生得以依据自身的兴趣爱好及个人特长，自主选择符合自身发展需求的课程，在学习过程中表现得更加投入和专注。学分制管理模式的实施也对教师转变教学方式产生了积极的推动作用。教师在教学过程中更加注重采用多样化的教学手段和方法来有效激发学生的学习兴趣，并着力培养学生的自主学习能力和独立思考能力。学分制管理模式实现了师生间双向的良性互动，不仅优化了教学资源配置，还极大地提升了教育教学的整体质量和效果。

（二）分层教学制度探索

每个学生都是独一无二、具有鲜明个性的个体，他们在学习能力、知识基础、学习兴趣及思维方式等方面都存在着显著的差异。这种差异不仅体现在学生的学习速度和深度上，还表现在学生对知识的理解和应用上。为了充分满足不同学生在学习过程中的多样化需求，切实提高教学管理的针对性和有效性，我们积极开展研究和实践，探索实施分层教学制度。分层教学制度下，教师可以根据学生的具体情况有针对性地安排教学，从而更好地激发学生的学习潜力，促进他们的全面发展。

1. 因材施教与动态管理

新生入学之初，需要全面、深入地了解每位学生的学习能力、兴趣爱好及特长所在。为此，我们通过实地家访、电话或线上沟通等多种形式与学生及家长进行面对面沟通交流，并结合学生在一年级学习适应期的综合表现，从而精准把握每位学生的特点，以便更好地实施因材施教。在具体的教学活动中，我们始终高度关注学生的学习状况，并会根据他们在学习过程中的实际表现、取得的进步幅度及面临的困难挑战，及时进行教学调整。这样的动态管理机制是为了确保每位学生都能获得与其自身需求相匹配的、最为适宜的教学服务，从而在学习的道路上不断取得进步，并实现个人潜能的最大化发展。

2. 教学内容与进度差异化

对于高层次的学生群体，我们重点培养他们的创新思维和自主学习能力。我们设计并提供丰富多样的拓展课程和探究性课程，以激发他们的探索精神，鼓励他们勇于进行自主性探究活动和实践操作，从而在更高层次上提升他们的创新能力和自主探究能力。

对于中层次的学生，我们的教育重点则放在提升他们的学业成绩上。我们不仅提供各类基础课程，还辅以一系列拓展课程，帮助他们在巩固已有知识的同时，进一步拓宽视野，加深理解。

对于低层次的学生，我们则更加关注他们的补习和辅导需求。我们为他们量身定制了基础课程，并辅以个性化的辅导方案，力求通过有针对性的教学辅导，帮助他们逐步提高学业水平，缩小与其他同学的差距。

3. 教学方法与手段多样化

在具体实施分层教学的过程中，我们积极倡导并鼓励教师灵活运用丰富多样的教学方法和教学手段，满足不同学习层次学生的独特学习需求。针对学习基础较为扎实、学习能力较强的学生群体，我们着重推行项目式学习、探究式学习等先进的教学方法，引导学生自主参与项目实践，深入探究问题，进一步激发他们的学习兴趣和潜能，提升其综合素养和创新能力。而对于学习基础较为薄弱、学习能力较弱的学生群体，我们则更加注重对其进行基础知识的传授和学习方法的指导。教师通过细致入微的讲解、直观生动的示范及有针对性的练习等传统而有效的教学方法，帮助学生逐渐夯实基础，提高学习效果，逐步缩小与其他学生的差距，增强自信心，从而实现全体学生的共同进步。我们力求通过因材施教、分层施策的教学模式，让每位学生都能在适合自己的学习环境中获得最佳的学习体验，实现自我成长。

实施分层教学制度后，我们的教学质量有了显著的提升。我们通过了解学生特点、对学生进行分层教学、为学生量身定制学习方案，确保每位学生都能享受到贴合其学习能力和需求的教学服务。对学生进行因材施教也能极大地点燃学生的学习热情，激发他们的内在学习动力，提高他们的学习积极性和参与性，进而帮助他们提升学习效果。深入实施分层教学模式对教师队伍的专业成长起到了积极的推动作用。在面对层次分明的学生群体时，教师不得不深入钻研教学，转变教学理念，勇于探索并灵活应用多元化的教学方法和手段。持续的教学创新与优化历程大幅度地提升了教师的教学技能和专业素养，推动学校整体教学质量稳步提升。

二、学生管理的制度优化

学生是学校教育活动的核心参与者和主体力量，在学校整体运作和发展中占据着至关重要的地位。鉴于此，学生管理制度的持续优化与完善不仅直接关系到学校日常教学秩序的稳定，更对学生激发学习潜能、塑造健全人格、培养综合素质，进而实现全面而均衡的发展具有深远且重要的意义。为了更好地服务学生，助力学生成长成才，我们高度重视学生管理制度的优化工作，深入进行理论研究，广泛征集意见，反复进行实践检验，不断探索和尝试新的管理模式与方法。在这一过程中，我们始终坚持以学生为中心，注重制度的人性化和科学性，力求在规范管理的同时，充分尊重和保障学生的合法权益。经过实施一系列有效措施，我们在学生管理制度优化方面取得了令人瞩目的成效，不仅提升了管理效率，优化了育人环境，更促进了学生的全面发展，有利于学校实现长远的进步。

（一）个性化学生发展规划指导

每个学生都拥有与众不同的天赋和深不可测的潜力，这些特质使他们在成长的道路上展现出独特的光芒。为了协助学生更深入地了解自身的优势和特点，进而清晰地确定个人的发展方向，我们不遗余力地为学生提供个性化发展规划指导，对学生进行细致入微的观察和科学的评估，为每一位学生提供切实可行、符合其个性与兴趣的发展路径，助力他们在未来的学习和生活中实现自我价值。

1. 建立学生发展档案

我们为每一位学生悉心打造了细致且完备的发展档案，档案中详细记录了学生诸多方面的情况。首先是基本信息，包括学生的姓名、性别、出生日期、籍贯及家庭住址等基础资料。其次是学习表现，包括学生在各个学期不同学科的具体学业水平表现、优势及不足和教师评语等内容。学生的兴趣爱好也被一一记录在案，如对文学作品的喜爱、对各类体育运动的热爱，或对艺术创作的浓厚兴趣等。档案中还着重记载了学生的特长，如学生在科技发明方面展现出的独特创造力、在舞蹈表演上具备的出色表现力等。依据学生自身的特点和自我期望，我们还为学生设定了清晰的发展目标，包含近期的学业提升目标及远期的职业理想目标等。翔实且全面的档案为学生的个性化发展规划提供了极为重要的依据，助力每位学生都能在契合自身的发展路径上不断前行。

2. 提供多样化的学习和发展机会

学校为学生提供丰富多样的学习和发展机会，满足学生的个性化需求。学校开设了各种兴趣小组和社团，如科技小组、环保社团、艺术社团等，学生可以根据自己的兴趣选择参加。学校还组织了各种竞赛活动，为学生提供展示自我的平台。我们在体育课程开发方面用"兴趣化"课程理念指导教学，根据学生年龄、兴趣、爱好等，在各年级段增设了篮球、足球、击剑、跆拳道和游泳等课程。这些课程的开发与实施促进了体育教学方法的创新，丰富了学生的体育活动，激发了学生运动的兴趣与激情。

我校体育课题组认真学习课改理念,积极思考,开拓创新,坚持教学实践和理论研究相结合。2017 年,我校确立了区重点课题"兴趣化教学内容与方法优化搭配的区域实践研究"。2020 年,我校申报了上海市教育科学研究项目"小学体育课程的校本统整与研究"。经过两年来的探索实践,我校收获了一定的经验与成果。近年来,基于学生的发展,我校从学生的基础、兴趣、成长出发,努力推进基础课程、拓展课程和校本课程的有机整合,把体育课程"5+2"细化为"3+1+2+1"课时体系,让学生在锻炼身体基本活动能力的基础上更加注重运动技能的提升。

表 5-1 "3+1+2+1" 课时体系

课时设置	总体育课数	主要内容	教学要求
体育课程课时	5 节体育课	"体育与健身"课程内容	身体基本素质和活动能力的发展
	2 节体活课	体育锻炼活动内容	自主健身习惯与参与能力的培养
校本统整课时	3 节体育课	"体育与健身"课程内容	身体基本素质和活动能力的发展
	1 节专项课	校本体育专项运动内容	专项运动知识与技能的提高
	2 节体活课	专项运动与拓展内容活动	专项身体素质和技能的巩固与提升
	1 节集体课	整合年级的集体大课	分组分层的多练多赛

3. 提供个性化辅导服务

我们设立了专门的个性化辅导中心,致力于为每一位学生提供一对一辅导服务。在个性化辅导中心里,经验丰富的辅导教师会细致地研究每位学生的发展档案,深入了解他们的学习状况、兴趣爱好及职业规划等，基于对学生的了解，精准地为学生提出个性化的学习建议，确保每一项建议都贴合学生的实际需求。教师还会为学生提供全面的发展规划指导，帮助学生明确未来的学习方向和职业目标，助力他们在学业和职业生涯中取得更加优异的成绩。这种个性化的辅导模式让每一位学生都能得到最契合自己发展需求的教育支持，充分发挥学生的潜力，使学生实现自我价值。

4. 定期跟踪和评估

我们定期对每一位学生进行全面细致的跟踪与评估工作，及时、准确地掌握学生的发展动态及他们的需求变化情况。如在每个学期的期末阶段，我们会组织并安排学生参与个人发展评估活动，从而深入了解学生在学业成绩、兴趣爱好、特长技能等多个维度的具体表现和发展情况。分析学生的相关数据和信息后，教师团队会及时反馈，并根据每位学生的实际情况和评估结果有针对性地对他们进行个性化指导，同时对他们的发展规划进行调整和完善，以确保规划的科学性和有效性。如此一来，我们能够为学生提供更加精准、贴心的指导和帮助，助力他们在成长的道路上稳步前行。

（二）学生自主管理培育机制的完善

培养学生的自主管理能力对于促进学生全面发展、提升学生综合素质至关重要。学生有了良好的自主管理能力，不仅能在学业上取得进步，更能在个人品德修养上得到显著提升。我们将始终秉持积极的态度，致力于完善学生自主管理培育机制。我们注重引导和激励学生，让他们逐步学会如何进行自我管理，如何在日常生活中进行自我约束，以及如何在学习和生活中实现自我发展。这样的培养模式能帮助学生更好地掌握自我管理的技巧，形成良好的行为习惯。

1. 建立学生自主管理组织

为了使学生参与学校管理，更好地实现成长，我们着力促成了学生会、班级自主管理委员会、校园文明监督岗等众多学生自主管理组织的建立。这些组织的成员皆由学生自主通过公平公正的选举流程产生，充分体现了学生在校园管理中的主体地位。各组织成员主要承担学校日常管理及各类活动的组织筹备等重要任务。

学生会作为引领学生自主管理的关键组织，积极发动同学们开展各类丰富多样的校园活动。如环保宣传活动中，学生会通过组织环保志愿者活动、开展环保主题班会等，有效地提高同学们的环保意识。又如校园文化节，学生会筹备安排了精彩纷呈的文艺演出、趣味十足的文化体验活动等，全方位展示了同学们的才华与风采。

班级自主管理委员会着重负责班级内部的日常管理事宜。委员会成员会进行班级纪律的巡查与监管，确保同学们的学习和生活秩序有条不紊；同时组织同学们有序完成卫生打扫任务，保持教室环境的干净整洁。可以说，班级自主管理委员会为营造良好的学习氛围立下了汗马功劳。

这些学生自主管理组织的设立与有效运行不仅显著提升了学生的自我管理能力，还为校园文化的繁荣昌盛及学校管理制度的优化完善提供了强有力的支持。

2. 开展自主管理培训

我校定期组织一系列学生自主管理培训活动，以有效提高学生的自主管理能力。培训内容涵盖多个方面，包括但不限于领导力的培养、团队合作的技巧及有效沟通的方法等。为了确保培训效果，我们采取了多种活动形式，例如，举办专题讲座，我们邀请校内外专家和表现优异的学生代表，分享他们在自主管理方面的宝贵经验和实用方法；组织以自主管理为主题的主题班会，让学生围绕这一话题展开深入讨论，引导他们明白自主管理的重要性，并逐步掌握自主管理的各项技巧。我们还积极鼓励学生参与班级管理的具体事务，如担任班干部职务、参与制订班级规章制度等。学生在这些班级管理实践中不仅学会了如何与同学进行有效沟通与协作，还学会了如何妥善解决各种矛盾和冲突，从而在潜移默化中提升了自我管理和班级管理的能力。

3. 提供自主管理实践机会

为了让学生在实际操作中全方位地锻炼和提升自己的综合能力，我们为学生设计并提供了多种多样的自主管理实践机会。例如，我们积极组织学生参与校园环境的日常维护和管理工作，不仅让他们亲身体验管理的各个环节，还鼓励他们自主思考和制订详细的管理计划。学生在实践中需要根据实际情况进行合理的分工与合作，协同完成各项既定任务。一系列富有挑战性和实践性的活动使学生不仅极大地提升了自身的自主管理能力，还在团队合作中培养了与同伴的默契，提升了协作精神。

4. 建立激励机制

我们建立了完善的激励机制，对在自主管理方面表现优秀的学生和组织进行表彰和奖励。学校在每学期末会评选出优秀学生会干部、优秀班级自主管理委员会等，给予获奖的学生和组织荣誉证书和奖品。这些激励措施激发了学生自主管理的积极性和主动性，促进了学生自主管理培育机制的良性发展。

三、教师管理的制度创新

教师是学校的灵魂和核心竞争力所在。教师管理的制度创新对于激发教师工作热情、提升教学质量具有重要意义。我们在教师管理制度创新方面进行了积极探索和实践。

（一）多元化教师评价体系的构建

教师是学校发展的核心力量，为了全面、客观、公正地评价教师的工作表现，激发教师的工作积极性和创造力，我们积极构建多元化教师评价体系。

1. 制订多元化评价标准

我们依据教师职业的独特性和具体的工作要求，设计了一套多元化的评价标准体系。这套标准涵盖多个维度，包括教师的教学成绩、科研成果的产出与质量、教学过程中的态度表现、师德师风的优劣以及学生对教师教学效果的反馈意见等多个重要方面。这样多元的评价标准让我们能够从多个角度全面、客观且公正地评估每一位教师的工作表现，从而确保评价结果的科学性和准确性。

2. 采用多种评价方式

我们采用多种评价方式对教师进行综合评价，包括同行评价、学生评价、自我评价及领导评价等。这些评价方式不仅相互补充，还在不同层面上相互印证，从而构建起一个多维度的评价体系，确保了对教师评价的全面性和客观性。多种评价方式相结合能够帮助我们更准确地把握教师的教学质量、工作态度和专业发展情况，为教师的专业成长和素养提升提供有力的依据和支持。

3. 注重评价结果的应用

我们特别重视评价结果的实际应用，将评价结果与教师的职称晋升、绩效奖励、培训发展等多个方面紧密挂钩。如将评价结果作为教师职称晋升的重要依据，评价结果将直接影响教师的职业发展路径；绩效奖励的分配也会参考评价结果，以确保奖励的公平性和激励性；充分发挥评价结果在教师职业发展规划上的指导作用，帮助教师有针对地提升自身能力。将评价结果与教师职业发展挂钩能有效激励教师更加积极主动地投入工作，不断追求卓越，从而全面提升教师的教学质量和科研水平，为学校整体发展注入强劲动力。

（二）教师激励机制的创新与完善

为了充分激发教师工作的积极性和创造性，我们在构建、完善教师激励机制方面进行了深入的探索和尝试。我们运用一系列措施和策略，为教师提供了一个更加公平、透明且富有激励性的工作环境，从而有效提高他们的工作热情，激发他们的创造力，进一步提升教育教学的整体质量和水平。

1. 建立绩效奖励制度

我们构建了一套全面而细致的绩效奖励制度，目的是充分激发教师的工作热情，提升教师的创新能力。该制度综合考虑教师在教学效果、教学创新、师德师风等多个维度的综合表现，并据此给予教师相应的奖励。学校特别设立多项专项奖励，如教学优秀奖、教学创新奖及师德标兵奖等。这些奖项不仅是对教师在各自领域取得优异成绩的肯定，更是对他们的辛勤付出和卓越贡献的认可。我们希望借助这些表彰和奖励进一步激励教师不断提高自身素质，持续推动教育教学水平的提升。

2. 提供专业发展机会

我们为教师提供了丰富多样的专业发展机会，如参加培训、学术交流、教学研究等。我们会定期组织教师参加各类教学培训和学术交流活动，帮助教师更新教育理念和教学方法；还鼓励教师参与教学研究，并为其提供必要的支持和保障。

3. 营造良好的工作氛围

我们注重营造良好的工作氛围，关心教师的工作和生活。我们会为教师提供舒适的工作环境和必要的教学设备，也会组织各种教师活动，如教师节庆祝活动、教师团队建设活动等，以增强教师的归属感和团队凝聚力。

4. 建立职业发展通道

我们构建了一套全面的教师职业发展体系，旨在帮助教师明确职业发展目标，为教师提供更多晋升机会。如我们详细制订了教师职称评定和晋升的标准化流程和具体操作程序，确保每一位教师都能在公平、公正的环境中，基于自己的努力和成果获得相应的职业提升。我们积极鼓励和支持教师不断学习、进修，以持续提升自身的专业素养和教学能力，从而更好地适应教育发展的新要求，实现个人职业的发展。

四、后勤管理的制度形成

后勤管理作为学校日常运作中不可或缺的保障和支持系统，对维护校园秩序、保障师生活和学习有重要意义。后勤管理工作包括校园基础设施的维护、物资采购与供应、餐饮服务、环境卫生等多个方面，是确保学校各项工作顺利进行的基础性工作。后勤管理的制度升级与优化对进一步提升学校整体的运行效率和服务质量具有至关重要的意义。引入先进的管理理念和技术手段，完善各项规章制度，可以有效提高后勤服务的响应速度和精准度，减少资源浪费，提升师生满意度，从而为师生营造一个更加高效、便捷、舒适的学习和工作环境。

（一）智慧后勤服务平台建设

为了全面提升后勤管理的整体效率以及服务质量水平，我们积极采取行动，大力推进智慧后勤服务平台的建设，引入先进的信息技术，打造高效、便捷、智能的后勤服务系统，从而更好地完成各项后勤工作。

1. 智慧后勤服务平台的搭建

我们搭建了一个功能全面的智慧后勤服务平台，该平台高效地整合了后勤管理中的各项工作，并开设相应的功能模块，包括设备管理、物资采购、维修报修及餐饮服务等。通过这一综合性平台，我们能够全面实现后勤管理工作的信息化和智能化，极大地提升了管理效率和解决问题的速度，确保各项后勤服务工作更加高效、便捷和精准。

2. 功能模块的完善

智慧后勤服务平台包括多个功能模块，如设备管理模块、物资采购模块、维修报修模块、餐饮服务模块等。每个模块都具有相应的功能，如设备管理模块可以实现设备的登记、维护、报废等管理，物资采购模块可以实现物资的采购、储存、发放等管理。

3. 数据的实时更新和共享

借助先进的技术手段，智慧后勤服务平台成功实现了数据的实时更新,构建了高效的共享机制,确保学校各个部门能够随时随地、准确无误地掌握后勤管理的最新动态和详细信息。如在维修报修方面,该平台能够实时捕捉并展示报修的具体信息,包括报修时间、地点、故障类型等,还能动态跟踪并显示每一条报修请求的处理进度,极大地方便了学校后勤部门对维修工作进行及时处理和合理安排,有效提升了维修效率。在餐饮服务方面,平台也能实时更新相关数据,及时反映食堂的菜品供应情况、菜品价格变动及就餐人数等信息,这不仅为师生提供了用餐参考,还帮助食堂管理者更好地进行食材采购和餐品调配,确保了餐饮服务的质量和效率。这些功能模块的协同运作使得智慧后勤服务平台为学校的日常运营和管理提供了强有力的数据支撑和智能化服务。

4. 用户体验的优化

我们注重智慧后勤服务平台的用户体验,不断优化平台的功能和界面。如在平台上设置便捷的报修流程和查询功能,用户可以随时随地提交报修申请,查询报修进度;还为用户提供个性化服务,如餐饮服务模块可以根据用户的口味和需求,推荐合适的菜品。

（二）绿色校园建设与后勤管理融合

绿色校园建设是学校可持续发展的重要举措,我们将绿色校园建设与后勤管理紧密融合,着力打造一个环境优美、资源节约、生态和谐的校园。

1. 制定绿色校园建设规划

我们根据《绿色学校创建行动方案》的要求,结合校园实际情况,制定了详细的绿色校园建设规划。"规划"明确了绿色校园建设的任务分工和时间节点等内容,强调要加强校园绿化建设,提高校园绿化率,打造四季有景、充满生机的校园景观;推广节能减排技术,降低能源消耗,实现校园的可持续发展;加强环保教育,培养师生的环保意识和绿色生活习惯。在校园绿化建设方面,我们合理规划绿化布局,种植了多种花草树木，形成了多层次、多样化的绿化景观；在节能减排方面，我们更换了节能灯具、节水器具等，推广使用新能源设备，减少能源消耗。这些措施为绿色校园建设提供了有力保障。

2. 推进绿色后勤管理

为了将绿色理念融入后勤管理工作，我们采取了一系列措施。在物资采购方面，我们优先选择环保、节能的产品，以减少对环境的污染，如在办公用品采购中选择可降解的文具、再生纸等环保产品，在设备采购中优先选择节能型设备。在垃圾分类处理方面，我们加强宣传教育，引导师生正确进行垃圾分类，并配备分类垃圾桶，建立完善的垃圾分类处理机制。我们还加强了对校园环境的日常维护和管理，定期对校园绿植进行修剪、养护，确保校园环境整洁、美观。

3. 加强绿色教育宣传

我们高度重视绿色教育的宣传与推广工作，致力于通过多种途径和形式来深化这一教学理念。我们策划并开设了一系列环保课程，系统地传授环保知识，以帮助学生树立科学的环保观念。我们还定期举办内容丰富、形式多样的环保讲座，邀请专家学者和环保实践者分享前沿的环保理念和实用的环保技巧，以拓宽学生的视野。我们积极组织各类环保实践活动，如校园绿化、垃圾分类、节能减排等，让学生在亲身参与中深刻体会环保的重要性，从而有效提升他们的环保意识和责任感。

在绿色教育的推进过程中，我们并未局限于校园内部，而是积极拓展外部合作，与社区、企业等社会各界力量携手共建绿色环境。我们开展了绿色共建活动，如社区环保宣传、企业环保培训等，不仅将绿色教育的理念传播得更广，也实现了教育资源的共享和优势互补，进一步扩大了绿色教育的影响力和覆盖面，为构建和谐社会、实现可持续发展贡献了积极力量。

自从我们学校开始实施绿色校园建设与后勤管理的深度融合策略

以来，校园的整体环境得到了显著的改善。如今的校园绿树成荫、花草葱郁，这些生机勃勃的植被不仅美化了校园环境，还营造出宜人的生态景观和浓厚的人文氛围。师生漫步在校园，能感受到清新自然的气息，心情也随之愉悦起来。

　　绿色后勤管理的理念在校园内得到广泛的推广。这一管理模式的推行有效促进了节能减排措施的落实，节约用水用电、减少废弃物排放等，都体现了环保的宗旨。资源回收工作也得到了进一步加强，废纸、废塑料等可回收物品得到了有效分类和再利用，大大减少了资源浪费。这些环保措施的实施不仅提升了校园的环保水平，更促进了学校的可持续发展。

第六章

未来启幕——展望未来学校无限可能

23. 教育教学质量上有哪些提升，学生的学业成绩、综合素质发展及竞赛获奖情况如何？

24. 学校在课程建设、校园文化、师资队伍等方面形成了哪些特色品牌，展现了怎样的独特魅力？

25. 在建设未来学校途中会遇到哪些挑战？又该如何应对？

26. 如何将学校建设成具有国际视野、创新精神的现代化未来学校？

第一节　携手共进：特色品牌成果的总结者

在教育变革的浪潮中，我们始终坚守教育初心，以"未来学校"建设为愿景，积极探索实现教育现代化与学生全面发展的新路径。从课程的创新到阅读文化的培育，从实践工坊的打造到师资队伍的建设，我们对每一个环节都倾注了心血与智慧。如今，站在新的起点上，回望过去的努力与成果，我们深感欣慰。每一阶段的经验不仅见证着学校的成长，更为我们未来的发展提供了坚实的基础。以下便是我们在未来学校建设过程中积累的宝贵经验与思考，愿与每一位教育同人分享，共同为培养适应未来社会的创新人才而努力。

一、教育教学收获的成果

在教育的征程中，我们坚守初心，不断探索前行，致力于提升教育教学质量，为学生的成长与未来发展打下根基。经过多年的改革实践，我校在教育教学的多个方面取得了显著成果，这些成果不仅是学校发展的见证，更是我们继续奋进的动力源泉。

（一）学生学业质量提升

在教学改革中，提升学生学业质量是我们始终坚守的核心目标。近年来，我校采取了优化课程设置、改进教学方法及建设师资队伍等举措，学生在学业质量上取得了显著进步，这有力地证明了我校教育教学改革的有效性。

1. 课程设置的优化

在"数智校园建设与未来学校升级"的宏伟目标的引领下，我校不断优化和完善课程设置体系。我们积极引入"三个助手"数字化教学平台。这一先进的平台帮助我们成功实现课程内容的精准化设计和个性化实施。例如，在语文教学上，我们创造性地组织了"古诗雅韵班班诵"活动，将中华优秀传统文化巧妙地融入日常教学，这不仅丰富了语文教学内容，还显著提升了学生的语言素养和文化底蕴，使他们在潜移默化中感受传统文化的魅力。又如，在数学教学上，我们依托"五要素"教学设计法，注重系统地培养学生的思维能力，科学地设计和实施课程，逐步形成了学与教相互促进、技术与策略有机结合、教学反思及时跟进的三位一体的教学模式。这一模式不仅提升了教学效果，还为学生提供了更加全面和深入的学习体验，有力推动了学校教育教学水平的整体提升。

2. 教学方法的改进

我们积极推行"二案"提优策略，这一策略的核心在于通过教学设计与教学反思的双重优化机制，系统性地提升课堂教学的效率和质量。例如，在教学设计环节，教师不仅精心策划每一节课的教学目标、内容和互动环节，还注重合理配置教学资源，确保教学内容科学合理、层次分明；而在教学反思环节，教师则对已完成的课堂教学进行全面回顾和深入剖析，找出教学中的不足之处，并有针对性地提出改进措施，从而形成良性循环。

数学教师团队开发了"思维可视化"教学法，以帮助学生更直观地理解抽象概念。英语教研组则通过"跨界沙龙"引入戏剧教学法，以增强学生的语言运用能力和学习兴趣。教学方法的改进使学生在学科核心素养测评中表现优异，学习成绩合格率稳定在较高水平。

3. 师资队伍的建设

学校目前拥有 1 位特级教师和 26 位市、区级骨干教师，构建起一套完善的"以名师为引领、骨干进行示范、全员共同提升"的教师发展机制。通过开展"学术沙龙""专业沙龙"等六大类不同形式的研修活动，教师团队得以持续更新教育理念，优化自身的教学技能。2021 年，学校共有 78% 的教师积极参与了区级及以上的公开教学展示活动，这不仅充分展现了教师的教学风采，更激励教师加强个人学习，实现自我成长，从而为学校教育教学水平的提升奠定坚实的基础。

（二）综合素质发展

教育的本质在于促进学生的全面发展，我们不仅重视提升学生的学业成绩，还高度重视学生综合素质的培养。我们采取了多种举措，如加强德育工作、推广艺术教育、强化体育教育，以及培养学生实践能力，在学生综合素质发展方面取得了丰硕成果。

1. 德育工作的加强

我们坚持以立德树人为根本任务，将德育工作贯穿于教育教学全过程。我们开设德育课程、开展主题活动、组织社会实践活动等，从而加强了学生的思想道德教育和行为习惯培养。

我们注重培养学生的爱国情怀、集体主义精神和社会责任感。每年，我们会组织"学雷锋月"活动，学生走进社区，参加关爱孤寡老人、清洁社区环境等志愿服务活动，在实践中体验帮助他人的快乐，从而增强社会责任感。我们开展主题班会、国旗下讲话等活动，对学生进行爱国主义教育，激发他们热爱祖国的情感。我们也注重校园文化建设，通过校园文化节、绿色地球村行动等活动，传承和发扬学校的优良传统，培养学生的爱校情怀和环保意识。在校园文化的熏陶下，尊重、平等、奉献逐步成为学生共同的价值取向。

2. 艺术教育的推广

艺术教育是提升学生审美素养和创造力的重要途径，我们积极推广艺术教育，为学生提供丰富的艺术学习机会。在课程设置上，我们开设了音乐、美术等艺术课程，确保学生能够接受系统的艺术教育。我们也根据学生的兴趣爱好开设了多个艺术社团，如合唱团、舞蹈队、绘画社团、书法社团等，为学生提供个性化的艺术发展空间。艺术社团内有专业的教师指导，定期开展训练和活动，以提高学生的艺术水平。学校每年举办校园文化艺术节，为学生搭建展示艺术才华的舞台。

在文化艺术节上，学生以歌唱、舞蹈、绘画、书法等形式展示自己的艺术成果，从而进一步激发对艺术的热爱之情。在各类艺术比赛中，我校学生屡获佳绩，充分体现了学校艺术教育的成果。

3. 体育教育的强化

我们在体育教育方面取得了显著的成果，通过开设体育课程、组织体育比赛和训练等方式，学生的运动技能和身体素质得到提升。

我们注重培养学生的运动兴趣和爱好。学校不仅根据学生的年龄和兴趣特点开设了多种运动项目供学生选择和学习，还通过组织班级比赛、校际比赛等，让学生在竞技中锻炼自己的意志品质，提升竞技水平。

强化体育教育后，学生的身体素质得到了显著提升。学生在各类体育比赛和测试中取得了优异的成绩，在为学校赢得荣誉的同时，实现了个人价值。学生的运动兴趣和爱好也在各类体育活动中得到了有效挖掘，为他们未来的健康生活打下了坚实的基础。

4. 实践能力的培养

作为上海市 PBL（项目式学习）项目的实验校，我校高度重视通过跨学科的项目学习方式全面培养学生的实践能力。我们设计的"Vbook 新六艺课程"就是典型的案例之一，该课程巧妙地将中国传统文化精髓与现代先进的教育技术有机融合在一起。学生学习这一课程时，不仅能够深入理解和掌握传统文化的核心要义，还能充分利用现代教育技术手段进行实践操作。学生在解决实际问题的过程中，逐步提升了问题解决能力，同时也在不断探索和尝试中培养了创新思维。

（三）竞赛获奖成果

上海市宝山区实验小学这所百年老校始终致力于提升教育教学质量，这期间，师生共同见证了学校在各类竞赛中取得卓越成果（具体获奖表见附件一）。这些成果不仅彰显了学校的教学实力，也激励着每一位师生不断追求卓越。

　　近年来，我校在各类教育教学竞赛中屡获佳绩。我校见习教师在上海市见习教师基本功大赛中荣获一等奖，展现了我校见习教师的专业素养和教学能力。我们还有 16 名见习教师在区见习教师基本功比赛中获得单项一等奖。这些荣誉无疑是对我校教师培训工作的最好肯定。

　　我校教师在全国及上海市的教学比赛中也取得了令人瞩目的成绩。有 2 位教师荣获全国教学比赛一等奖，4 位教师获得上海市中青年教师教学比赛一、二、三等奖。这些荣誉不仅体现了我校教师的教学水平，也展示了我校在教育教学改革中取得的显著成效。

　　除了获得个人荣誉之外，我校教师在各类团队竞赛中同样展现出了卓越的实力和风采。例如，我校的青年教师共同体积极主办并参与了教育论坛，这一论坛不仅面向淞宝学区的各所小学开放，还吸引了众多教育界的专家学者前来观摩和指导。我校低年级语文教研沙龙所积累的宝贵管理经验也在全国教师培训基地联盟举办的活动中得到了广泛交流和深入探讨。

　　这些丰富多彩的活动不仅极大地提升了我校在教育领域的知名度和影响力，更为我校与其他兄弟学校之间搭建了良好的交流平台，有效促进了彼此间的资源共享、经验互鉴和深度合作，为共同推动教育事业的发展奠定基石。

　　当然，我校学生在各类竞赛中也取得了不俗的成绩。这些成绩的取得离不开学校对教育教学质量的持续关注和努力提升。竞赛获奖只是教育教学成果的一个方面，更重要的是，我们希望通过这些竞赛活动，激发学生的学习兴趣和创新能力，培养他们的团队协作精神，提升他们的综合素质。

　　这些竞赛获奖成果不仅是师生个人努力的结果，更是学校教育教学质量提升的有力证明。在竞赛中，学生的综合素质得到了锻炼和提高，教师的专业能力也得到了认可。

未来，我们将继续鼓励师生积极参与各类竞赛活动，以赛促学、以赛促教，进一步提升学校的教育教学质量。

二、特色品牌建设的成果

在新时代教育改革的浪潮中，我们始终遵循"传承·创新·前行"的办学理念，致力于打造具有鲜明特色的教育品牌。我们在建设课程、营造阅读文化氛围、开设实践工坊等多方面进行了探索与实践，逐步形成了独具特色的教育品牌，为学生的全面发展提供了坚实的支撑。下面将从课程特色、阅读文化、实践工坊三个方面，详细阐述我校在特色品牌建设方面的成果。

（一）课程特色："绿色地球村"智慧同侪课程

在学校的发展历程中，"绿色地球村"智慧同侪课程逐渐成为极具特色的品牌课程。它以独特的课程理念、新颖的课程模式和丰富的课程内容，为学生的成长提供了广阔的空间，并且在课程建设方面取得了显著成果。

1. 课程目标与核心理念

"绿色地球村"课程以"爱实干、懂实验、敢创新、能自信"为核心育人目标，注重培养学生的八大关键能力：发展规划能力、问题解决能力、动手操作能力、观察分析能力、提问质疑能力、实践创新能力、合作交往能力、语言表达能力。课程通过智慧同侪模式，打破传统课堂的时空限制，构建跨班、跨校、跨区域的同侪互动学习场景，实现资源共享与优势互补。

2. 课程内容与体系

"绿色地球村"课程内容丰富多元，围绕"绿色思维""绿色校园""绿色家园"和"绿色未来"四大课程群展开。每个课程群都紧密围绕学校育人目标设计了一系列既具趣味性又具挑战性的学习活动。例如，"绿色思维"课程群通过财商素养、科学探究、艺术欣赏等跨学科项目,培养学生的批判性思维;"绿色校园"课程群则通过校园环境改善、垃圾分类回收等实践活动,提升学生的环保意识和动手能力。

我们着力加强课程体系的构建,注重课程的综合性和实践性,在课程中融入项目式学习、探究式学习等多种方式,让学生在真实情境中解决问题,提升他们的问题解决能力和实践创新能力。我们还充分利用现代信息技术手段,如虚拟仿真实验、在线学习平台等,为学生的学习提供有力支持。

3. 课程实施与评价

在课程实施方面,我们积极探索智慧同侪教学模式,以线上线下融合的方式,实现资源共享和优势互补。教师利用数字平台进行集体备课、在线研讨和资源共享,从而打破时间和空间的限制,提升了教学效率和质量。学生则借助在线学习平台获取学习资源、参与互动讨论和提交作业,实现了个性化学习和自主学习。

在课程评价方面,我们构建了多元的评价体系,包括过程性评价、表现性评价和结果性评价等。我们通过收集和分析学生的学习数据,全面了解学生的学习情况和进步轨迹,并为他们提供针对性的指导和帮助。我们还注重及时反馈,充分发挥评价对教学的改进作用,通过评价结果来反思和优化课程设计和实施策略。

"绿色地球村"智慧同侪课程不仅提升了学生的综合素养,也为学校教育数字化转型提供了可借鉴的实践范式。

(二)阅读文化:"宝小讲堂"阅读品牌

阅读是教育的基石,是学生成长的重要途径。我们积极响应《全国青少年学生读书行动实施方案》,以"宝小讲堂"为核心打造了独具特色的阅读文化品牌,营造了浓厚的书香氛围。

1. "宝小讲堂"的构成与特色

"宝小讲堂"由教师讲堂、家长讲堂和学生讲堂三部分组成,目的是通过多元化的阅读分享活动,激发学生的阅读兴趣,提升他们的阅读能力。2023 年，3 位教师、9 位家长、18 位学生组成了"宝小讲书人"宣讲团队，带动全校师生共同参与阅读活动。

2. 教师讲堂："五育"融合，榜样示范

教师讲堂上，各学科教师打破学科界限，以"'五育'融合、立德树人"为指引，分享读书心得，引导学生在阅读中拓宽视野、提升素养。如在语文教师的导读课上，学生领略经典文学作品的魅力，感受语言的力量与美感；科学教师则带领学生探索科普读物中的奥秘，激发学生对科学探索的热情。

3. 家长讲堂：家校共育，阅读分享

家长讲堂充分调动家庭教育资源，邀请家长走进校园，分享独特的个人读书经历与心得。如一位律师爸爸在讲堂上分享了青少年法律教育读本《小包法官告诉你》，以生动的案例传授法律知识，让学生在轻松的氛围中树立法治观念。这种家校共育的阅读分享模式不仅丰富了学生的阅读体验，还增强了家校联系与合作。

4. 学生讲堂：多维阅读，快乐成长

学生讲堂注重培养学生的自主学习能力和表达能力。学生为了向伙伴推荐好书、交流读书心得，需要认真深入地读书，上网浏览资料，并撰写读书心得。这一过程不仅提高了学生的阅读能力，还锻炼了他们收集、整理信息的能力和表达能力。如三年级的小张同学分享了《航空航天小百科》一书，带领同学们探索宇宙的奥秘；四年级的小徐同学分享了《灰尘的旅行》一书，以小组合作学习的方式展示了科普阅读的乐趣。学生讲堂不仅锻炼了学生的表达能力，也培养了他们的自主学习能力。

5."书香校园"阅读路径

我校在积极推进"宝小讲堂"的过程中逐渐形成了独特的"书香校园"阅读路径，涵盖图书馆阅读、课堂阅读和家庭阅读。图书馆阅读为学生提供了泛在式阅读的机会，引导学生有效利用碎片化时间，科学

使用电子设备阅读，广泛阅读纸质书籍，实现随心、随时、随地的沉浸式阅读，激发学生的阅读兴趣，培养学生的阅读习惯；课堂阅读则侧重拓展阅读和深度阅读，开展有指导性的、集体性的经典阅读，包括整本书阅读、问题化阅读、主题式阅读等，提升学生的阅读理解能力和分析能力；家庭阅读注重个性化阅读和情感交流，家长陪着孩子一起读书，营造温馨的家庭阅读氛围，促进亲子关系的同时，培养孩子的阅读兴趣和自主阅读能力。

"宝小讲堂"阅读品牌的建设不仅有效提升了学生的阅读能力，也为校园文化建设注入了新的活力。2023 年，我校被评为"上海市书香校园"，成为区域内阅读文化建设的典范。

（三）实践工坊：匠心"智"造木工坊

匠心"智"造木工坊是我校在"爱实干、懂实验、敢创新、能自信"育人理念指导下，打造的多元化跨学科综合学习空间。该工坊采用虚实融合的教学模式来培养学生的动手实践能力、创新思维和团队协作精神，成为我校特色品牌建设的重要成果之一。

1. 工坊的功能与布局

木工坊分为劳动操作室与数字设计教室两大功能区域。劳动操作室配备齐全的木工工具、实验器具与模型制作设备，为学生提供传统手工艺制作的实践场所。学生在这里可以亲手制作木质家具等模型，感受木材的质感与加工的乐趣，锻炼精细动作能力。数字设计教室则配备先进的数字化学习资源与工具，如 Chuak 智能助教、虚拟教师机等，学生借助这些设备，可开展虚拟仿真设计、3D 打印等数字化学习活动，将创意转化为数字模型，再通过 3D 打印技术变为实物，体验从设计到制作的完整流程。

2. 工坊的活动与课程

匠心"智"造木工坊在学习空间建设上注重多元性。从硬件设施到软件资源，从功能布局到环境氛围，我们都进行了精心设计。在功能布局上，我们考虑到小组合作的需求，布线安装了适合小组合作的设备和软件应用，以便学生能够随时开展线上线下同步交互式学习，培养其团队协作能力和沟通能力；在资源建设上，考虑到学习资源的更新与共享，我们建设了虚拟共创学习空间 TeacherIn，教师可以在线对课程进行实时更新，形成学校专属的校本教学资源库；在环境氛围上，我们注重营造积极和谐的合作性学习氛围，实时更新学生作品墙，展示学生的最新作品，激发学生的学习热情，同时配置多元化的设施，满足学生的个性化学习需求。

活动案例"藏在木头里的中国智慧"

组织方式：以小组合作的方式开展线上线下融合的项目化综合实践活动。

主题背景：榫卯作为中国古代建筑和家具的主要结构方式，蕴含着中国古代工匠的智慧，体现了中华民族传统工艺独特的美学价值。它以独特的形状和精妙的结合方式传递出"和谐"与"自然"的理念。如今，越来越多的人开始关注中国的木文化，特别是榫卯结构。

驱动性问题：如何在校园文化节中举办一场榫卯艺术展？

项目目标：在了解榫卯的过程中，学生能够借助不同媒体平台，查询榫卯的历史及发展现状，了解榫卯的结构，感受榫卯在现代建筑中的应用。在制作模型和创意赛中，学生能够熟练运用各种切割、拼搭工具，制作简单的榫卯木质作品，理解榫卯的构造原理和工艺特点。在研学和策划办展的过程中，学生能了解榫卯在现代建筑中的应用，发现家乡美，感受传统文化的魅力，提升民族自豪感。

涉及学科：劳动、道德与法治、数学、美术等。

项目过程：

1. 准备：教师组织学生进行项目内容的讨论和梳理，确定活动目标、内容框架和实施步骤。引导学生思考"如何在校园文化节中举办一场榫卯艺术展"。

2. 执行：

（1）了解榫卯：学生通过信息技术手段查询和学习榫卯的相关知识，小组内讨论交流，探究榫卯的来龙去脉和文化内涵。

（2）制作榫卯模型：学生动手制作榫卯模型，感受榫卯结构的精妙之处，锻炼动手能力和创造力。

（3）榫卯作品创意赛：学生开展榫卯作品创意大赛，运用所学知识设计、制作出各具特色的榫卯作品，提高动手能力的同时加强对中华传统工艺的理解与认同。

（4）木文化博物馆研学：学生参观木文化博物馆，了解榫卯在现代建筑中的应用，增强对家乡文化的认同感。

（5）策划办展：学生策划并组织"榫卯艺术展"，展示学生制作的榫卯作品，锻炼策划组织活动的能力。

通过以上环节，学生不仅深化了对榫卯知识的理解，也锻炼了多方面的能力，为未来的综合发展奠定了基础。

3. 收尾：交流反思。学生在小组分享成果并反思，并以互评的方式评价各自在小组合作、问题解决等方面的表现，教师给予反馈，鼓励学生客观评价，分享探究收获与感悟，最后教师总结活动整体效果。这样的交流互评，既能帮学生巩固榫卯知识，又能培养学生的批判性思维和团队协作能力。

成效总结：匠心"智"造木工坊为学生设计、制作榫卯作品提供了线上 3D 设计平台和线下制作空间，为学生跨学科学习提供了信息技术上的支持。正是这种虚实融合、跨学科协同的学习方式，让学生在探究和体验的过程中，亲身感受到中国木工艺的独特魅力，培养了他们对家乡文化的认同感。这种"融通学科、数字赋能、协同育人"的课堂样态，必将成为"藏在木头里的中国智慧"的生动注解，成为学生健康成长的丰沃土壤。这一项目在上海市"数字化学习环境赋能跨学科学习"现场会中进行了交流展示，在深圳市罗湖区"领鹰工程"赴上海参访活动中进行了示范课展示。本项目也被评为宝山区德育精品课程、区域劳动特色共享课程。

图 6-1　藏在木头里的中国智慧

　　匠心"智"造木工坊不仅成为我校特色品牌建设的重要成果,也为区域内跨学科学习空间的建设提供了可借鉴的范例。未来,我们将进一步拓展工坊的功能,打造集学习、实践、创新、展示于一体的综合性学习平台,为学生的全面发展提供更加广阔的空间。

第二节　愿景描绘：未来学校发展的传承者

在教育教学改革不断推进之际，上海市宝山区实验小学坚定不移地走在积极探索未来学校建设的道路上。面对当前教育形势的深刻变化，我们既迎来了前所未有的广阔发展机遇，这些机遇为学校的转型升级提供了强有力的支撑；同时也面临着诸多复杂而严峻的挑战，这些挑战考验着我们的智慧与决心。展望未来，我们满怀对教育事业无比热忱的初心与执着追求的精神，勾勒出学校在教育教学创新、高素质人才培养及全方位社会服务等方面的宏伟蓝图和远大愿景。我们坚信，上海市宝山区实验小学必将在新时代的教育征程中绽放出更加璀璨的光芒。

一、面临挑战的应对策略

随着时代的飞速发展，教育领域正经历着前所未有的变革。作为一所历史悠久而又充满活力的小学，我们在未来学校建设中也面临诸多挑战与机遇。我们将深入探讨这些潜在挑战，并提出相应的应对策略，以期在未来的教育道路上走得更加稳健和长远。

（一）潜在挑战

1. 教育技术更新换代

当今，科技发展日新月异，教育技术不断更新换代，令人目不暇接。从基础的多媒体教学设备到前沿的人工智能教育应用，新的教育技术不断涌现。对于上海市宝山区实验小学而言，跟上这一步伐并非易事。一方面，技术更新所需的资金投入巨大，不仅要购置先进的硬件设备，如智能交互白板、虚拟现实（VR）设备、增强现实（AR）设备等，还需要持续投入资金用于软件的更新与维护，以及相关人员的技术培训。另一方面，教师对新技术的掌握和应用能力参差不齐，部分教师可能因年龄、经验等因素，对新技术的接受和适应过程较为缓慢，这在一定程度上影响了教育技术在教学中的有效应用。

2. 教育理念持续创新

如今，以学生为中心、个性化学习、跨学科融合等先进理念逐渐成为教育发展的主流趋势。然而，传统教育理念在部分教师和家长心中根深蒂固，转变并非一蹴而就。在传统教育模式下，教师往往扮演知识传授者的角色，学生处于被动接受的地位，这种模式注重知识的记忆和应试能力的培养，而忽视了学生的兴趣、个性和创新能力的发展。要实现向新教育理念的转变，教师需要重新审视自己的角色，从知识的灌输者转变为学生学习的引导者和促进者；家长也需要更新观念，更加注重孩子的全面发展，而非仅仅关注学业成绩。但在实际操作中，改变这种长期形成的传统观念和习惯面临着较大的阻力。

3. 教育资源竞争加剧

随着教育的发展，各学校对优质教育资源的竞争愈发激烈。优质教育资源涵盖多个方面，包括优秀的教师队伍、先进的教学设备、丰富的课程资源，以及与高校、科研机构的合作机会等。在师资竞争方面，个别学校可能通过提供更优厚的待遇、更好的职业发展机会等方式吸引优秀教师，这对我们吸引和留住人才构成了挑战。在教学资源获取上，一些学校可能凭借地理位置、政策支持等优势，优先获得先进的教学资源，如参与教育改革试点项目、引进优质的在线课程资源等。与高校、科研机构的合作机会也十分有限，各学校都在积极争取，这使得我们在拓展合作渠道、提升学校教育科研水平上面临不小的压力。

（二）应对策略

为了确保能有效应对并妥善解决上述所提及的问题，我们将探索实施一系列具体且行之有效的应对策略。这些策略将涵盖多个层面，主要是为了全面、系统地化解挑战，确保各项工作能够顺利进行，最终达成既定的目标。

1. 具体措施

（1）加强信息化建设

信息化建设是教育数字化转型的关键。我们将加大投入，引进先进的教育技术和设备，如智慧教室、人工智能教学系统等，为教师提供便捷、高效的教学工具。我们还将加强教师的信息技术培训，提升他们的信息素养和技术应用能力，确保教师能够熟练地使用信息技术进行教学。

（2）推动教育理念创新

我们积极推动教育理念的创新，鼓励教师大胆尝试新的教学方法和模式；开展各类培训和研讨活动，邀请教育专家来校讲学，分享前沿的教育理念和教学经验；组织教师参加国内外的教育研讨会，以拓宽教师的视野，促进教师之间的交流与合作。在学校内部，我们设立了教育创新奖励机制，对在教学实践中积极应用新教育理念并取得良好教学效果的教师给予表彰和奖励，激发教师的创新热情。

（3）拓展教育资源渠道

为了拓展教育资源渠道，我们将积极与高校、科研机构建立紧密的合作关系。例如，与高校开展联合培养项目，为学生提供更多接触前沿学术知识和科研实践的机会；与科研机构合作，共同开展教育科研项目，将科研成果转化为教学资源，丰富学校的课程内容。我们也会加强与其他优质学校的交流与合作，以校际互访、教师交流、课程共享等多种方式，实现资源的优势互补。此外，我们积极寻求社会资源的支持，与企业合作开展实践活动、设立奖学金等，拓宽学生的视野，提升学生的实践能力。

2. 特色创新

（1）智慧教研：AI赋能，跨越时空的教育智慧共享

在智慧教研领域，我们将充分利用AI技术，构建"获知""践

知""创知"三大共同体，打破传统教研模式的时空限制。在智能化的教研平台上，教师可以突破地域、学校乃至学科的界限，进行实时的交流与合作。例如，教师可以利用 AI 的数据处理及语义理解能力，快速调用平台上的丰富资源，如教学案例、研究成果、专家讲座等，并持续反哺智能体，不断丰富、更新资源库。AI 技术还能根据教师的需求和兴趣，智能推荐相关的教研内容，促进教师之间的互助成长。

（2）构建"获知"共同体，让知识获取更高效、智能

"宝晓知"智能资源共同体能自动整合、分类、推荐优质教学资源，并根据教师的教学风格和学生需求提供个性化的教学设计方案。我们充分发挥各学科名师的引领作用，构建了名师知识库、集团资源知识库、课程知识库，训练及产生资源 2000 条以上，通过"宝晓知"智能体实现校际间资源的有效共享。我们还以 AI 教研平台为媒介，跨空间开展每年 3 次的校际教研活动。教师在教研活动中可以充分利用 AI 课堂诊断工具，完成 20 次以上课例分析，并根据报告内容调整教学设计。

（3）构建"践知"共融体，让教学实践更智慧、高效

在"践知"共同体中，我们利用 AI 技术构建虚实结合的育人模式，让教师能更专注于学生的个性化成长。例如，借助 AI 技术可以轻松实现作业的智能批改，学生可以在"宝晓知"智能体上进行提问，教师开展引导式答疑，这一方式有效减轻了教师负担。教师借助 AI 技术探索开展至少 2—3 次跨校际的同步课程与 10 次以上的远程观摩，跨越地域限制，共享优质教育资源，促进教学智慧的交流与碰撞。

（4）构建"创知"卓越圈，让教师成长更卓越、多元

在"创知"共同体中，我们鼓励教师勇于探索、敢于创新，将 AI 技术融入各种学习场景，以创造出更多元、有趣的教学方式。我们也在 AI 虚拟实验室、AI 辅助阅读、AI 绘画创作、AI 音乐制作、AI 体育、AI 心理、AI 评价等方面开展 2—3 个方面的应用实践创新课程探索。我们还利用 AI 技术为每位教师构建精准画像，帮助他们清晰认识自己的

优势与不足，明确职业发展的方向与目标。

3. 保障机制

（1）组织保障

为确保未来学校建设工作的顺利实施，我校将成立专门的领导小组，负责统筹协调信息化基础设施建设、教学资源开发、教师培训与技术支持等各方面的工作。领导小组下设多个工作小组，明确每个小组具体的职责和任务，确保各项任务能够按照既定的工作计划和时间节点有序推进。

（2）人力保障

我校配备了一支专业的信息技术支持团队，负责校园网络的日常维护和技术支持，确保信息化设备的稳定运行，并关注 AI 发展前沿信息。我们积极鼓励教师利用信息技术手段进行教学改革，构建以学科名师为领航者、以骨干教师为中坚力量、以青年教师为生力军的实践小组，开展应用实践工作及课程应用探索。学校还将加强教师培训，开展各类 AI 数字素养提升培训活动，以提升教师的信息技术素养和教育教学能力，为 AI 应用实践提供充足的人力保障。

（3）经费保障

为确保未来学校建设工作的顺利进行，我校将制定详细的经费保障方案。一方面，积极争取上级部门的专项经费支持；另一方面，从学校预算中划拨一定比例的资金用于未来学校的创建工作。我们也通过与企业合作、社会合作等方式筹集资金，拓宽经费来源渠道。学校也将建立严格的经费管理制度，确保资金的合理使用和高效利用，为未来学校创建工作提供充足的经费保障。

（4）制度保障

根据国家和地方关于教育信息化的政策文件，我校制定未来学校创建工作实施方案。我们建立了问题反馈和解决机制，对工作中出现的问题及时进行研究和解决。我们还建立了激励机制，对在未来学校创建工作中表现突出的教师个人和团体给予表彰和奖励，从而激发教师的积极性和创造力。

二、未来学校的愿景描绘

作为一所具有深厚文化积淀和历史底蕴的小学，我们明白自己的责任和使命。我们将以创建上海市人工智能教育实验校为契机，全面推动学校的创新发展。

（一）教育教学

展望学校在教育教学的未来发展，我们将秉持创新思维，积极融合最前沿的教育理念，借助先进技术手段，着力构建一个多元化、立体化且高效能的教学模式。我们期望通过实施这种教学模式，全面提升教学质量和学生的学习效果，从而培养适应新时代需求的高素质人才。

1. 推进智慧教育建设

智慧教育是未来教育的重要趋势。我们将充分利用人工智能、大数据等先进技术，构建智慧教育平台，实现教育数据的智能化采集、分析和应用。教师在智慧教育平台上可以更加精准地了解学生的学习情况，为学生提供个性化的学习资源和指导；学校管理者也可以更加科学地制定教育政策，从而有效提升学校的教育管理水平。

2. 实施项目化学习

项目化学习是一种以学生为中心的教学模式，它强调学生在真实情境中解决问题，以此获得成长。我们将积极推广项目化学习模式，鼓励教师设计具有挑战性、实践性和创新性的项目任务，让学生在完成项目的过程中培养创新思维，提升团队协作和解决问题的能力。

3. 开展跨学科教学

跨学科教学是将不同学科的知识和技能进行整合和应用的教学模式。我们将加强跨学科教学的探索和实践，打破学科壁垒，促进学科间的交叉融合。学生在跨学科学习中可以深入了解不同学科之间的联系和差异，提升创新能力和知识应用能力。

4. 加强教师专业发展

教师是提升教育教学水平的关键。我们将加强教师的专业发展培训，提升他们的专业素养和教学能力。我们将定期举办教学研讨会、学术交流活动等，以促进教师之间的交流与合作。我们还将鼓励教师积极参与课题研究、教学创新等活动，提升他们的科研能力和创新能力。

（二）人才培养

在人才培养方面，我们将着力培育出一群既具备宽广国际视野、又富有独特创新思维，并且还拥有扎实实践能力的复合型人才。

1. 具备国际视野

在全球化日益显著的大环境下，具备广阔国际视野的人才越来越受到社会各界的高度重视和青睐。为了顺应这一时代潮流，我们将加强与全球范围内众多知名教育机构的全方位合作与交流，积极引进并整合一系列卓越的国际级教育资源和先进课程体系，为学生提供与世界接轨的学习平台。我们还将采取多种激励措施，积极鼓励和引导学生主动参与各类国际交流项目，如组织海外学习之旅、参与国际性学术竞赛等活动。这些实践机会能有效拓展学生的视野，提升他们在多元文化背景下的跨文化交流与沟通能力，从而为学校、为社会培养出具有全球竞争力的优秀人才。

2. 培养创新思维

创新思维作为人才所必备的核心素养之一，其重要性不言而喻。为了全面提升学生的这一关键能力，我们计划采取一系列行之有效的措施。我们将设计和开发一系列专门提升创新思维的课程，通过系统化的教学，引导学生打破常规思维模式，激发他们内在的创新潜能。我们还将定期举办各类创新大赛，为学生提供展示才华、切磋技艺的平台，以进一步点燃学生的创新热情和创造力。

同时，我们重视将理论与实践相结合。我们将积极鼓励学生在日常学习和社会实践中主动发现问题、勇于面对挑战，在自主探究和团队合作中寻求解决方案。这不仅有利于学生逐步培养敏锐的创新意识，还能帮助学生在实践中不断提升动手能力和解决问题的能力。

3. 提升实践能力

实践能力是复合型人才具备的关键能力之一。为了全面提升学生的实践能力，我们将加强实践教学，为学生打造一个多元化、高质量的实践环境。我们将重点推进实验室、实训基地等实践场所的建设与完善工作，力求为学生提供充足的实践机会与先进的实践平台。良好的实践环境有利于学生将理论知识与实际操作相结合，使学生在亲身实践中不断学习，积累经验，从而实现自身的快速成长。

我们还将积极倡导并支持学生广泛参与各类社会实践活动和志愿服务活动。学生在这些活动中不仅能够深入了解社会、服务社会，更能在此过程中逐步培养强烈的社会责任感和无私奉献精神，从而成为优秀的对社会有用的人才。

经过全方位的实践教学，我们坚信能够培养出既有扎实理论知识，又有强大实践能力和社会责任感的复合型人才。

（三）社会服务

展望未来，我们将积极参与社会服务，充分利用自身所拥有的优质教育资源，将优秀的教育成果应用到实际生活中。我们将以高度的责任感和使命感，为宝山区乃至更广泛区域的教育事业提供强有力的支持。

1. 推广优质教育资源

我们将以高度的热情和责任感，积极推广学校所拥有的优质教育资源，包括但不限于经过实践检验、深受师生好评的优秀教学案例，以及在各类评比中获奖的教学成果等。我们将利用多种渠道和形式，广泛传播这些宝贵的教育资源，为其他学校提供切实可行的借鉴和参考范式，助力其教育教学水平的提升。我们还将加强与兄弟学校之间的交流与合作，定期举办研讨会、互访交流等活动，共享彼此的优质教育资源，实现优势互补、共同进步。我们期望通过这些举措，有效提升整个区域的教育水平，培养出更多优秀的人才。

2. 开展教育公益活动

开展教育公益活动无疑是学校履行其社会责任的重要且显著的体现。未来，我们将组织和开展多种形式的教育公益活动，包括教育扶贫项目、偏远地区的支教活动等。这些活动的核心目标是为那些身处偏远地区及处于社会弱势地位的群体提供切实有效的教育支持和援助。推进这些富有意义的教育公益活动，不仅能够向社会传递出满满的爱心与正能量，更能在潜移默化中提升学生的社会责任感和无私奉献精神，从而使他们成为有责任、有担当的新时代青年。

3. 搭建教育合作平台

我们将以积极主动的态度全力搭建多元化的教育合作平台，与各级政府、各类企业及众多社会组织进行全方位的合作与广泛的交流。我们将认真研读相关政策，充分利用政府购买服务等政策优势，完善教育设施，为学生提供更优质的教学服务。同时，我们将积极探索校企合作的创新模式，通过多元化的合作途径，为学校源源不断地输送各类教学资源。我们还将高度重视与社区之间的联系和良性互动，为社区居民量身打造一系列优质的教育服务，提供丰富多样的教育资源，从而全面提升社区的教育水平和居民的生活质量。

未来学校建设是一项系统工程，需要我们全体师生的共同努力和全社会的支持。我们将以坚定的信心和决心，迎接挑战，抓住机遇，不断推进未来学校建设的进程。我们相信，在我们的共同努力下，上海市宝山区实验小学将成为一所具有创新精神和国际视野的现代化学校，将为学生的全面发展和社会的进步作出更大的贡献。

参考文献

［1］徐倩.未来学校探索与实践的宝山行动［J］.上海教育，2023
　　（21）：30-31.

［2］徐飞，王健.沉浸式校园文化环境育人实施途径［J］.创新人才教
　　育，2024（06）：19-21.

［3］张治，戴蕴秋.基于"教育大脑"的智能治理——上海宝山区教
　　育数字化转型实践探索［J］.中国教育信息化，2022，28（06）：
　　64-69.

［4］于书娟，杨天.袁希涛的义务教育思想及其当代价值［J］.教育评
　　论，2019（12）：162-168.

［5］许豪炯，袁绍发.陈伯吹谈他的生平经历和文学生涯［J］.新文学
　　史料，1990（02）：25-42.

［6］叶传平.艺友制教师自我发展之路［J］.教育文汇，2023（01）：
　　11-13.

［7］祝智庭.智慧教育新发展：从翻转课堂到智慧课堂及智慧学习空
　　间［J］.开放教育研究，2016，22（01）：18-26，49.

［8］袁振国.教育数字化转型：转什么，怎么转［J］.教育科学文摘，
　　2023（01）：9-11.

［9］王元玲.立足项目式学习，提升学生综合素养［J］.陕西教育（教
　　学版），2025（01）：68-70.

［10］张心，沈胜林，蔡巧梅.基于育人方式变革的学生探究性学习能
　　力培养困境与突围［J］.教育科学论坛，2024（17）：34-36.

［11］夏雪梅.跨学科项目化学习：内涵、设计逻辑与实践原型［J］.课

程·教材·教法，2022，42（10）：78-84.

［12］张治，吴逸民，张云峰．数字化重塑教育教学新模式——上海市宝山区推进教育数字化转型创新实践［J］．中国教育政策评论，2022（01）：217-233.

［13］沈伟．智慧共享，同侪共进——上海市宝山区"智慧同侪课堂"的探索与实践［J］．上海课程教学研究，2023（06）：3-9.

［14］刘光胜．利用 ClassIn 一体化平台进行小学语文线上教学的实践研究［J］．中国新通信，2024，26（12）：134-136.

［15］韦荣波．建立双培养机制，打造高素质党员教师队伍［N］．科学导报，2023-06-30（B02）.

［16］王文静．让教育家精神成为广大教师的自觉追求［J］．人民论坛，2024（20）：34-38.

［17］朱立元．漫谈实践存在论美学——在华东师大中文系青年教师学术沙龙上的演讲［J］．中文自学指导，2007（01）：39-42.

附件一 上海市宝山区实验小学相关成就

2020 年上海市宝山区实验小学获奖一览表

序号	时间	名称	奖项	颁奖单位
1	2020.02	2017、2018 学年度上海市安全文明校园	安全文明校	上海市教育委员会
2	2020.03	2019 年上海市中小学（幼儿园）见习教师规范化培训	优秀组织奖	上海市教育委员会
3	2020.04	宝山区"十三五"第二轮"优秀校本研修课程"	优秀组织奖	上海市宝山区教育学院
4	2020.05	宝山区"我与《中小学德育工作指南》"征文	优秀组织奖	宝山区教育局宝山区教育学院
5	2020.06	2019 年度上海市巾帼文明岗	巾帼文明岗	上海市妇女联合会
6	2020.06	宝山区党支部建设示范点	示范点	中共上海市宝山区委员会
7	2020.09	2020 年宝山区中小学（幼儿园）见习教师规范化培训案例征集活动	优秀组织奖	宝山区教育学院师训办

2021 年上海市宝山区实验小学获奖一览表

序号	时间	名称	奖项	颁奖单位
1	2021.01	2021 年第四届"市南杯"我爱古诗文百校诗词记诵活动	优秀组织奖	上海市市南中学"我爱古诗文"百校赛组委会

（续表）

序号	时间	名称	奖项	颁奖单位
2	2021.01	2020年度宝山区学校少先队工作	进取奖	少先队上海市宝山区工作委员会
3	2021.01	宝山区小学教育信息化背景下提升作业应用品质的项目研究—数学基地校	数学基地校	宝山区教育学院
4	2021.04	2019—2020年度上海市文明校园	文明校园	上海市人民政府
5	2021.06	宝山区先进基层党组织	先进基层党组织	中共上海市宝山区委员会
6	2021.07	"洽洽杯"华夏学子说中小学生用英语讲中国故事展演活动	优秀组织奖	"华夏学子说"组委会
7	2021.09	2020学年宝山区小学英语教师才艺比赛	团体二等奖	宝山区教育学院小幼教研室
8	2021.08	2021年星愿基金安全童行项目"小孩说话也管用"交通安全儿童提案活动	优秀组织单位	中国青少年发展基金会
9	2021.10	2021年上海市中小学师生公共安全知识在线学习及竞答活动	优秀组织奖	上海市科技艺术教育中心
10	2021.12	2021年上海市宝山区"防范新型毒品对青少年的危害"禁毒教育活动	优秀组织奖	上海市宝山区教育局 上海市宝山区禁毒委员会办公室

2022 年上海市宝山区实验小学获奖一览表

序号	时间	名称	奖项	颁奖单位
1	2022.01	2021 年宝山区"比学赶超——岗位大建功"活动	民心工程先锋	宝山区"比学赶超当先锋，建设科创主阵地"活动领导小组
2	2022.01	2021 年度上海市教育系统	三八红旗集体	中国教育工会上海市委员会
3	2022.02	2021 年度宝山区少先队工作	优秀奖	少先队上海市宝山区工作委员会
4	2022.02	2019—2021 年度宝山区中小学行为规范示范校	行为规范示范校	上海市宝山区教育局
5	2022.05	上海市节水型学校	节水型学校	上海市水务局上海市教育委员会
6	2022.07	2022 年宝山区教育数字化转型案例征集评选活动	创新活力奖	上海市宝山区教育局上海市宝山区教育学院
7	2022.07	2019—2020 学年度上海市安全文明校园	安全文明校园	上海市教育委员会
8	2022.09	"神奇'心'未来"荣获2022 年宝山区小学段优秀组织奖	金奖	上海市宝山区教育学院
9	2022.11	上海少先队幸福教育实验校	幸福教育校	少先队上海市工作委员会
10	2022.11	宝山区科技教育示范学校	科技教育示范学校	上海市宝山区教育局

（续表）

序号	时间	名称	奖项	颁奖单位
11	2022.12	宝山区交通文明从"头"守护活动"先进单位"	先进单位	宝山区道路交通安全工作联席会议办公室
12	2022.12	宝山区中小学全员导师制工作推进评选活动之"百校百策"	二等奖	上海市宝山区教育局
13	2022.12	2022年上海市中小学生阅读与实践创作活动	优秀组织奖	上海市教育学会中小学图书馆专业委员会
14	2022.12	2022年宝山区中小学暑期读书系列活动	优秀组织奖	宝山区教育局中小学图书馆工作委员会
15	2022.12	宝山区"健康人生、绿色无毒"禁毒作品征集活动	优秀组织奖	上海市宝山区教育局

2023年上海市宝山区实验小学获奖一览表

序号	时间	名称	奖项	颁奖单位
1	2023.02	2022年度宝山区少先队工作	优秀奖	少先队上海市宝山区工作委员会
2	2023.03	2023年寒假"星阅物语"读书活动	星阅书香校园	上海市宝山区教育学院
3	2023.03	2021—2022年击剑联盟	先进集体	上海市宝山区击剑联盟
4	2023.04	宝山区社会大美育推广学校	大美育推广学校	宝山区教育局
5	2023.04	上海市儿童青少年"传染病防控小技巧"主题海报征集活动	优秀组织奖	上海市科技艺术教育中心

（续表）

序号	时间	名称	奖项	颁奖单位
6	2023.04	2022—2023 学年上海市宝山区红领巾奖章	集体三星章	宝山区教育局
7	2023.05	2022—2023 学年上海市红领巾奖章	集体四星章	上海市教育委员会
8	2023.06	宝山区教育系统"五强四敢双创"促党支部建设质量提升行动	优秀党建阵地	中共上海市宝山区教育工作委员会
9	2023.06	宝山区教育系统"五强四敢双创"促党支部建设质量提升行动	优秀党建工作案例	中共上海市宝山区教育工作委员会
10	2023.09	2020—2022 年度宝山区教育系统	优秀退休教工之家	宝山区教育局退休教职工管理委员会
11	2023.10	2023 第三届"华夏学子说"青少年讲中国故事短视频征集活动	优秀组织奖	"华夏学子说"组委会
12	2023.10	宝山区民族团结进步教育基地	民族团结进步教育基地	中共宝山区委宣传部
13	2023.10	上海市义务教育项目化学习三年行动计划"项目试验校"准予结项	"项目试验校"结项	上海市教委基教处
14	2023.10	上海市中小学（中等职业学校）行为规范"示范校"	上海市行为规范"示范校"	上海市教育委员会
15	2023.10	2023 年宝山区"践行新课程理念的教师行动"主题征文	优秀组织奖	宝山区教育学院
16	2023.11	上海市学生阳光体育大联赛	一等奖	上海市学生阳光体育大联赛组织委员会

（续表）

序号	时间	名称	奖项	颁奖单位
17	2023.12	宝山区小学"未来学习多样态"学校联盟	智慧同侪学习领航校	上海市宝山区教育局
18	2023.12	2023年宝山区心理月优秀组织奖	金奖	上海市宝山区教育学院
19	2023.12	2019—2023年度上海市中小学图书馆先进集体	先进集体	上海市教育委员会中小学图书馆工作委员会
20	2023.12	2023年上海市中小学生暑期读书系列活动	优秀组织奖	上海市教育委员会中小学图书馆工作委员会
21	2023.12	"爱上海 我讲上海故事"——2023年上海市中小学生阅读与实践创作活动	优秀组织奖	上海市教育学会中小学图书馆工作委员会
22	2023.12	上海市宝山区2023年暑假"聚焦思与问 阅享教与学"教师主题共读活动	优秀组织单位	上海市宝山区教育学院
23	2023.12	2023年宝山区中小学艺术教育系列活动	优秀组织奖	上海市宝山区教育局
24	2023.12	上海市教育系统贯彻落实党的二十大精神主题阅读活动	优秀创新案例	上海市教育卫生党委系统精神文明办
25	2023.12	"十四五"宝山区义务教育阶段学校发展性督导评估	素质教育示范	上海市宝山区人民政府教育督导室
26	2023.11	数字化转型深化校（2023—2025）	数字化转型深化校	上海市宝山区教育局

2024 年上海市宝山区实验小学获奖一览表

序号	时间	名称	奖项	颁奖单位
1	2024.01	宝山区学校美育实践魅力系列评选活动	"魅力活动"称号	上海市宝山区教育局
2	2024.01	2023 年度宝山区少先队工作	优秀奖	少先队上海市宝山区工作委员会
3	2024.01	上海市生态文明建设示范学校	示范学校	上海市教育委员会
4	2024.02	2021—2022 学年度上海市安全文明校园	上海市安全文明校园	上海市教育委员会
5	2024.03	宝山区"劳模工匠进校园"项目学校	项目学校	宝山区总工会宝山区教育局
6	2024.03	第四届校园原创微视频（FILM）网络展评活动	入围奖	上海市中小学德育研究协会
7	2024.04	宝山区 2023 学年寒假读书活动"时空书香校园"	时空书香校园	上海市宝山区教育学院
8	2024.05	上海市家庭教育工作示范校（2023 年至 2027 年）	上海市家庭教育工作示范校	上海市教育委员会
9	2024.06	"为爱悦读听读馆"示范校	示范校	上海市儿童基金会
10	2024.08	2023 年上海市教师专业发展学校年检	年检合格	上海市教师教育学院
11	2024.09	第七届未来媒体人创意实践活动	优秀组织奖	新闻报社未来媒体人创意实践活动组委会
12	2024.10	青少年综合素质发展计划	实验学校	上海报业集团新闻报社

（续表）

序号	时间	名称	奖项	颁奖单位
13	2024.12	2024 年上海市宝山区中小学暑期读书系列活动	优秀组织奖	宝山区教育局中小学图书馆工作委员会
14	2024.12	2024 年上海市宝山区中小幼校园科技节	组织奖	上海市宝山区青少年活动中心

2024—2025 年上海市宝山区实验小学罗泾分校获奖一览表

序号	时间	名称	奖项	颁奖单位
1	2024.11	小学综合实践活动课程方案试点校、作业基地校	试点校基地校	宝山区教育学院
2	2024.12	"十四五"宝山区义务教育阶段学校发展性督导评估	素质教育示范校	宝山区人民政府督导室
3	2025.01	"未来学习多样态"（智慧同侪）项目	成长校	宝山区教育学院
4	2025.03	2023—2024 年度上海市教育系统三八红旗集团	三八红旗集团	中国教育工会上海市委员会上海市教育系统妇女工作委员会

附件二　上海市宝山区实验小学相关文章

沙龙研修的形态与文化浸润的方式

——在光明《教育家》杂志线上圆桌论坛上的主题发言

苏华萍

各位领导、各位专家、各位同道：

大家下午好。

非常感谢光明《教育家》杂志社给我这个机会，就"如何提高教师的全学科阅读素养"这个议题，在线上圆桌论坛汇报我们上海市宝山区实验小学的认识、做法和体会。

一、我们的认识：提高教师全学科阅读素养的重要意义

我们教育的根本任务是，全面实施新时代立德树人工程，努力构建德智体美劳全面发展的学生综合素养培育体系，努力培养学生成为社会主义建设者和接班人。这也是我们倡导全学科阅读的出发点和根本遵循。

打造全学科阅读工程，助推全学科阅读素养的前提和关键是，在师资队伍建设中，提高教师的学科迁移能力和跨学科思维能力，增强教师自身的全学科阅读素养和全学科阅读教学能力。

我们学校的前身——宝山县学堂，创建于 1903 年，创始人是袁希

涛先生。他是中国现代教育的奠基人，与陶行知先生共同致力于倡导平民教育。陶先生忧虑"普及教育的最大难关是教师的训练"，为此创建了"艺友制"，倡导"以朋友之道教人艺术或手艺"，袁先生大加赞赏，身体力行。由此，在我校百年发展的历史中，陶行知先生所创的"艺友制"，如同袁希涛先生的四字校训"诚敬勤朴"一样，成为学校文化的基因。

在新时代教育发展的背景下，我们不断探索，把陶行知先生的"艺友制"浸润于教师专业发展培训的实践中，创设沙龙研修形态，积极鼓励教师共同阅读研修、交流协作，实现彼此支持、共同成长的目标。

随着数智化时代的发展，一场改变现有教育面貌的新变革已经到来。展望未来学校、未来学习、未来教室、未来教师的模样，我们必须更新教师的教育教学理念，提升教师的教育教学素养和能力，变革教育教学模式，打造智慧教育生态，让学校管理更科学，让教学课堂更灵动，让学生学习更自主，真正顺应时代发展，顺应教育教学改革发展的趋势和潮流。

近年来，我校积极推动教师全学科阅读工程，以一种更具"未来智慧"的教育视角，组织和实施 OMO 教育教学管理，建构一个开放、互联、共享的教育教学生态，真正达到"更新学习观念、促进行为变革、丰富学习方式"的教改目标。

二、我们的做法：以沙龙的形态提高教师的全阅读素养

这里，我向各位具体汇报我校探索的六种沙龙的形态。

形态一　学术沙龙：专家引领，智慧启迪

学校不定期邀请高校各领域专家，来学校引领"学术沙龙"的开展。教授的智慧启迪、"课标"专家的教改解读、艺术家的人生故事……这些既有高度又接地气的"学术沙龙"，在教师群体中呼声非常高。

被《中国教育报》评选为"推动读书十大人物"之一的常生龙博士，成为我们的"读书引导人"。他带着他的《读书是教师最好的修行》《给教师的5把钥匙》《核心素养与学习的变革》等著作，参加我校学术沙龙，结合自己的教学实践，分享自己的教学心得。

杨彦平博士推荐的《心理学与生活》，是心理学基础教材，也是心理学领域的第一品牌书，在他有趣生动的导读下，"学术沙龙"成为我校暑期培训中最值得期待的"智慧旅行"。

形态二 共同体沙龙：项目引领，协作探究

此类沙龙以解决教育教学实际问题为主，以"名师工作室""班主任工作室""学科研究团队""学科基地""教研组"等学习共同体为单位，以聚焦教育教学的攻关项目为引领，开展协作探究的活动。

例如，由我校语文带头人张伶俐领衔的"伶俐工作坊"，在4月线上教学期间，承担学校"问题化学习研究"的小学语文同侪课堂和循证教研的任务。在沙龙上，借助ClassIn平台，联合宝山区和嘉定区两地三校的教师团队，开展跨区域、跨学科的同侪研究活动。我校语文教研组的教师主动参与，共同探讨，引领学生主动探索问题的答案和学习读写的奥秘。

形态三 项目化沙龙：主题引领，综合融通

参与此沙龙的成员是跨学科、跨学段、跨学校，甚至是跨行业的，他们围绕一个学科综合主题式课程开发的主题任务，互相支持，携手攻关。

成立近三年的项目化学习小组的成员包括了语文、数学、英语、自然、探究、美术等学科的小伙伴。在经过"种子智造计划""几何图形巧收纳""跟着土豆去旅行"的一轮轮项目设计，在不断的跨界突破中，教师和学生向传统的课堂教学提出挑战。在这一过程中，PBL实践让教师更有创新力、探索力，为课堂注入新的活力，为学生提供更为优质的教育资源。

形态四　硕博沙龙：高端引领，强强联手

近年来，我校教师进修深造的队伍不断壮大，截至今天，有硕士（含在读）研究生学历的教师达 27 人。他们与曾参加我校基地培训的外校高学历教师共同组成"硕博沙龙"。大家还把高校优质硕博导师请到学校，担任沙龙指导。硕博沙龙的成员如今已成为我校学术研究和科研领域的生力军。

学校邀请华东师范大学王涛博士及其研究团队，在我校"硕博沙龙"中，与教师进行"指向核心素养的学校课程"专题交流，并开展课程结构改革下的学校主课题研发。在"新课标"出台之前，我们已经就"大单元设计""学习任务群""过程性评价"等教科研课题进行了研究，为"新课标"的落实奠定了基础。

形态五　启航沙龙：导师引领，共同成长

见习教师和三年以内的职初教师需要骨干教师的"传帮带"，也需要与志同道合的青春伙伴互学互助，一起扬帆起航。

在这个充满青春气息和活力的沙龙中，通过本学科和跨学科的听课、评课、说课、演讲、征文等活动，青年教师交流教育教学心得、交流思想乃至体验生活，他们积极发挥自己的聪明才智，为数字化校园建设贡献青春力量。

形态六　行云沙龙：问题引领，放飞心灵

"行云流水、无拘无束"的行云沙龙，让志同道合者随性而至。大家往往顺手拈来一个教育教学问题，然后各抒己见，进行思维的碰撞，迸发智慧的火花。这是一个自由、开放、发散的过程，同时也是一个具有生成性和建设性的过程。

例如，沙龙成员每月进行一次读书分享会。在分享会上，大家分享的不仅有读书心得，还有电影鉴赏、旅行日志、摄影、文史哲思辨等。这些话题看似与教育教学无关，但其实都是教师在工作和生活中感同身受的。

行云沙龙为大家提供了叙说、论证、思辨的广阔空间。每个人都可以在其中找到自己的路径和答案，享受自己的成长和欢乐。这样的交流特别受青年教师的喜爱。

三、我们的体会：以文化浸润的方式提高教师的全阅读素养

在沙龙形态的实践探究中，我们深切地体会到：要加强师资队伍建设，要培养教师核心素养，要提升教师专业水平，不能靠空洞的口号和说教，不能靠行政的命令和管制，不能靠学科教研组的封闭和阻隔，不能靠教师的单打和独斗。我们要积极探索多种多样的沙龙形态，以文化浸润的方式，延展教师学习的广度和深度，达到"润物细无声"和"为有源头活水来"的境界。这也许就是沙龙形态的价值和魅力。

我校实践探究的六个沙龙形态，以其实践性、互动性、针对性和开放性的特点，成为提高教师专业水平的重要渠道。这种研修方式既尊重了教师的个性发展，也利于铸造团队共同愿景，使沙龙共同体成为思想共同体、文化共同体，从而形成我校特有的教师团队合作文化。

我校沙龙共同体项目团队的日常管理由学校师训处负责。一旦确定好具体的沙龙项目，学校会尽量提供时间与经费上的支持。早在15年前，我们就制定了"学习共同体"管理条例，这一条例在实践中不断得到修正、完善，为学校沙龙形态特色品牌的形成和发展提供了指导。

参加《教育家》杂志线上圆桌论坛，梳理我校开展全学科阅读的实践，让我们的认识更加清晰：以沙龙研修的形态、以文化浸润的方式提高教师的全阅读素养，对于环境文化的营造、信息文化的贯通、管理文化的优化、教师行为文化的提升，有着十分重要和积极的现实意义。

为了给教师创造良好的成长环境，探索人才发展的适宜途径，我校提出"架梯、筑桥、搭台"六字方针：

架梯，架起一座学习、实践和反思的螺旋式上升的阶梯；筑桥，筑起一座互动、互通和互联的前进式开放的桥梁；搭台，搭建一个多元、

合作和共享的共融式发展的舞台。

最后,我要说一句话:今天的《教育家》杂志线上圆桌论坛,就为与会的教育工作者提供了这样的阶梯、桥梁和舞台。谢谢大家!

握握手,我们是永远的朋友。

2022 年 6 月 6 日

上海市宝山区实验小学 120 岁生日巡礼之一:

闪耀智慧之光的校园最美丽

——SMG 上海电视新闻综合频道《课外有课》栏目访谈录

主持人: 大家好,欢迎收看《课外有课》,我是主持人赵雅楠。这个春天对于上海市宝山区实验小学来说,意义非比寻常。这所坐落在长江口畔的小学迎来了自己 120 岁的生日。在宝山区实验小学东校区,一座名为智慧之光的校园主题雕塑刚落成,造型犹如船上待扬的风帆,又如展翅欲飞的雏鹰。而在不远处的西校区,玉兰芬芳,松柏葱翠,又迎来了一个明媚的春天。

宝山区实验小学最早可以追溯到 1903 年由清末著名教育家袁希涛创办的宝山县学堂。此后的 100 多年,学校几经更名,却一直秉承着"诚、敬、勤、朴"的校训。为办一所高质量的小学,一所拥有百年历史的小学究竟有哪些传承和改变?

欢迎宝山区实验小学的校长——苏华萍,欢迎苏校长。

苏校长: 观众朋友们,大家好。

主持人: 还要欢迎我们的祁利国老师,欢迎祁老师。

祁老师: 大家好。

图 1　《课外有课》栏目访谈

这是春天里最美的风景

主持人：苏校，作为一校之长，每天徜徉在校园里。现在春天也来了，您觉得春天的校园哪里最美？给我们推荐一下。

苏校长：我们有很多以鲜花做的造型，比如，我们的校园栏杆上有很多蔷薇，我们之前刚刚去看过的叫"小女孩"的蔷薇，已经冒出了新芽。在我们的团结路校区，白玉兰已经芬芳盛开；在一条长长的跑道两边，松柏也精神抖擞。我觉得在春天里最美的风景莫过于我们孩子的灿烂笑容。

120 年悠久历史意味着什么

主持人：我们的学校刚刚迎来了 120 岁的生日。在上海，能有 120 年的历史，这样的学校可不多。您觉得这样悠久的历史对于一所小学来说意味着什么？

苏校长：我们学校创建于 1903 年，那时候其实也是我们现代教育启蒙的一个阶段。我们的两位创校先贤是当时著名的乡绅——袁希涛、潘鸿鼎先生。他们同时也是两件非常重要的教育界的大事——"六三学制"和"启蒙教育"的奠基人。我们学校有很多著名的校友，如著名的儿童文学家陈伯吹先生。陈伯吹先生是我们早期的师长，在我们学校，他做了"三个一"：第一次做老师，第一次写小说，第一次投入革命。

主持人：都是在我们学校发生的？

苏校长：是的，那时候他在我们学校做老师。若干年后，在陈伯吹先生的晚年，他把他的 5.5 万元稿费拿出来，成立了陈伯吹儿童文学基金专业委员会。现在，有一个"陈伯吹国际儿童文学奖"，我们学校的学生拥有一个非常个性化的作业本，就是这个奖项的延展。

SYXX 的"宝小"logo 的寓意

主持人：我们学校这一次 120 岁生日，对于现在正在小学就读的、年龄还是个位数的小朋友来说，会有一些什么样的影响？

　　苏校长：我们学校坚持与时俱进。我们学校有一条"时光轴"，孩子们在走过这条"时光轴"的时候，就仿佛走过了一条历史长河。我们学校的每一个孩子都非常希望戴上我们的"宝小"logo。这个 logo 的设计非常简单，我们把"实验小学"的首字母缩写一下，就是 SYXX。具体有什么内涵呢？其实就是，要让每个孩子成为一个实干的，有实验精神的，具有创新意识的孩子，最后他一定是充满自信的孩子。

图 2　SYXX

创办了 17 年的奖学金制度

　　主持人：我们知道宝山区实验小学有一个奖学金制度，在小学阶段就给孩子们发奖学金。我想知道这个奖学金是怎么设立的，会奖励给一些什么样的孩子？

　　苏校长：这一奖学金的设立要感谢我们袁希涛先生的后人——哈尔滨工业大学的袁哲俊教授。他用他的稿费在我们学校设立了这样一个奖学金，已经坚持了 17 年。获得这一奖学金的学生是通过校级评选选出的，不管是学生、家长，还是社会各界，都非常重视这一奖项。我觉得这是一种文化的传承，是一种对教育的期许。每一年，我们都会非常认真地做好奖学金的评选工作，评选出来的学生一定是德智体美劳全面发展的学生。同时，我们也会考虑一些学生的特长和优势。比如，有一年，这一奖学金就给了篮球打得特别棒的学生。

祁老师：我们学校的校队代表宝山区参加上海市运动会篮球赛，最后，我们获得了第三名。

主持人：这么厉害啊。

苏校长：所以，那一年，对这波带着荣耀回来的孩子们，我们说一定要给他们一个集体奖。于是，这一奖学金就给了他们。

OM 头脑奥林匹克社团的荣耀

旁白：一到课后服务时间，宝山区实验小学的校园里又热闹起来。除了操场上训练的篮球队、正在为参加市集体舞展示彩排的舞蹈队，还活跃着一些不一样的社团。校电视台的小记者和小摄像在校园里寻找采访的素材；五楼的演播厅里，OM 头脑奥林匹克社团的孩子们正在进行彩排。在 2022 年的 OM 头脑奥林匹克选拔赛中，这个团队一路过关斩将，获得全国第一名的好成绩。这些别具一格的拓展型课程对孩子们有哪些影响？

主持人：这个 OM 头脑奥林匹克具体是什么样的？

苏校长：我校一直以来都是科技示范校。我们的科技团队与我们的美术老师、音乐老师，以及后勤保障组建了一个团队，参加 OM 头脑奥林匹克赛。《古典哈丽雅特·昆比：飞跃英吉利》是我们团队的参赛作品，表演由一张老相片引出，通过歌舞的形式表现第一个飞跃英吉利海峡的女飞行员的故事。从乐曲选择到剧本创编，再到服化道制作，整个过程是非常考验团队的。我觉得特别有意思的是，其中有一个孩子在整个表演过程中穿着一身黑衣服，负责把道具放上、放下。但是，因为我们一直是团队作战，她参与了全程，到表演最后一个英文版的时候，她已经把女一号的所有台词都记在心里了。参赛后，她就此开启了她的配音之旅，在某网站上的账号粉丝很多，她配音非常厉害。

努力发挥孩子们的创造力

主持人：可见，我们的老师一直带领孩子们，努力发挥他们的创造力。所以，我也想了解一下，我们学校是如何培养孩子们的创造力的？

苏校长：在两个校区，我们会根据孩子的年龄特点进行不同设计。像低年级段，更多的是开展劳动类教育和动手类教育；高年级段更多开设的是编程课程，还有刚才讲到的音、体、美等活动。我们还定期举办"实验小学杯"动漫植物插画赛，已经举办到第七届了。孩子们创作的作品天马行空，但又基于真实生活，极具表现力。我们在刚刚回校的时候，还专门举办了一个画展，把学生、老师的作品都呈现出来，还展示了我们学校的吉祥宝贝——友友、乐乐两个"小朋友"的不同风格的造型，既有帅气的漫威风格，还有可爱风格的。这些风格造型是利用 3D 打印制作的，成为孩子们非常喜欢的玩偶。

图 3 动漫植物插画展

主持人：所以，学校其实营造了一个开放的氛围，允许孩子们有各种各样的创意，并且会给他们提供非常好的展示平台。作为一所百年老校，我们学校也在不断创新，如开发全新的数字化教学。我们学校是如何在课堂上体现数字化的，孩子们又是怎样上这样的课的呢？我们这就到现场去看一看。

旁白：这是一堂美术社团的课，教师没有提供纸和笔，孩子们直接用电子画笔来素描轮廓和涂色。学校的吉祥宝贝友友和乐乐是他们创作的主题。与传统美术课不同，孩子们可以在桌面上的定制软件中选择各种材质的画笔，调出颜色进行创作，如果要修改，也只需在软件中简单操作即可。

量身打造的个性化学习

主持人：智慧课堂进校园如何改变传统的授课方式？苏校长，刚才我们在短片里看到，孩子们在兴趣社团课上用的课桌，不是普通的课桌。这是什么课桌，有什么功能？您也给我们介绍一下。

苏校长：好的，我们现在用的这个课桌叫作智慧桌椅。刚刚看到这种桌椅的时候，我们也感到非常惊艳，因为它的造型应该说是颠覆了传统的课桌造型，打破了我们对课桌的刻板印象。它可以翻转，把桌子面翻过来就是一块非常大的屏，这块大屏能更好地保护孩子们的视力，同时，它还具有纸笔功能。智慧桌椅的软、硬件都是比较先进的，能够很好地帮助我们开发绘画、书法、音乐等课程。在兴趣社团课上，它的多功能完全呈现出来。

主持人：那我们的体育课呢？其实也变得不一样了，听说孩子们现在在体育课上能自己检测，自己选项目。这到底是怎么实现的？请祁老师给我们介绍一下。

祁老师：我们之前对学生的评价，如运动量是否达标，身体素质是否良好，运动效果是否达到，都是老师凭自己的主观经验来判断的。现在，我们有了科学的数字化技术测试，它是我们体育老师智慧化、高质量教学的得力助手，能让学生乐于学习，激发他们的学习兴趣，也能减少体育老师的工作量。

苏校长：现在经常讲到孩子们的个性化学习。个性化学习其实就是为学生量身打造学习方案，如果一个学生，他今天的状态不是很好，那老师就可以立刻了解相关信息，给予学生关心和相应的个性化指导；

如果学生的力量不够，那就让学生在力量方面多练一练；如果学生身体灵敏度不够，就让学生多做拉伸训练，督促他们每天打卡训练。

让孩子们在学习中获得快乐

主持人：哎哟，孩子们的体育课真是不一样了，我们小的时候，上体育课就是在操场上撒开腿跑。现在的体育课都用上了"魔镜"，能够实时监测孩子们的身体情况。我们作为一所百年老校，现在也在进行智慧校园建设。那么在您看来，传统跟现代的交融对于学校意味着什么？

苏校长：作为一所百年老校，我们最宝贵的财富就是先贤留下的百年校训——诚、敬、勤、朴。发扬传统精神，传承人文基因对学校来说是非常重要的。同时，我们也提出实干的要求。陶行知先生说过："行是知之始，知是行之成。"这要让我们的孩子在做中学、在学中做。我们要开展多样化教学活动，更好地呵护孩子们的好奇心，包容他们的好玩心，善用他们的好胜心，让他们成为真正全面发展的人才。

主持人：非常感谢两位的精彩分享！关注每个孩子的潜能，注重孩子在学习中的互动、体验和探究，让孩子在学习中获得快乐，也许是最好的教育方式。

2023 年 3 月 12 日

上海市宝山区实验小学 120 岁生日巡礼之二：

一份数字化成长报告单的背后

——上海教育电视台"上海市中青年校长论坛"主题发言

苏华萍

大家好！我是苏华萍，来自宝山区实验小学。我校由现代教育启蒙创始人之一的袁希涛先生于 1903 年创建。2020 年，我有幸成为这所百年学校的第 32 任校长。作为一名青年校长，在传承"诚、敬、勤、朴"百年校训的同时，我一直鞭策自己，办好人民满意的教育，办好家门口的好学校，与时俱进，紧跟新时代，开辟新局面。

三年来，我逐渐形成自己的办学主张：锚定目标，凝心聚力，在实干中成长。

今天，我想和大家讲述一份数字化成长报告单背后的故事。

一、聚焦教育难点，敢于实验

2020 年，全日制在线教育启动，信息技术和人工智能在教育数字化转型中为学校因材施教、精准服务提供了全方位的支持。同年，中共中央、国务院印发《深化新时代教育评价改革总体方案》，提出"到 2035 年，基本形成富有时代特征，彰显中国特色，体现世界水平的教育评价体系"。这是一个信号，更是一次契机。

我在思考，在线上线下的教育教学中，是否可以有效融合多个应用平台，优化我们之前常规使用的学期末《学生成长手册》，让学生的各项学习情况评价可视化，让教师无感伴随，全面记录学生成长过程，形成每一个学生独有的立体评价数字画像，让教师、家长更好地了解学生，陪伴学生成长。

这无疑是一个大挑战。但一直以来，只要锚定目标，我就一定会全力以赴。我和团队成员在 2022 年开启了"数字化成长报告单"的探索，尝试找到智慧校园提质增效的杠杆。

二、统筹多方资源，数汇成像

学校集结多方平台资源，采集上课、作业与主题活动数据，整合学生一学期内的有效数据，展现一学期内学生的真实表现，附上学科教师和专属导师的评语，形成丰富且个性化、多元化的学生学习评价内容，最终生成一生一份的"数字化成长报告单"。

（一）多数据采集，数显学生成长

一是课堂数据：依托上课平台，采集学生"应上课时长""实际上课时长""课程回看时长"，追踪了解学生的学习时长，通过采集"获得奖杯次数""举手次数""使用答题器次数"等记录了解学生课堂参与与互动学习的情况。二是作业数据：借助"未来宝"平台，了解学生作业完成情况，包括作业提交次数和完成质量，教师批阅赋予等第，平台记录学生得 A 次数，以及被选为优秀的次数。三是主题活动数据：在活动平台掌握学生课外主题活动选修情况。

（二）以数据为证据，尊重个性发展

上述三方面数据，完整立体地描绘出被记录学生的学习状况，为评价提供了真实依据。课堂数据中，以学习时长与学习及时与否，反映学生的学习责任心和自主性；平台参与功能的使用频次可反映学生的课堂参与度和积极性。作业数据以直观的形式客观反映了学生的阶段性学习结果。主题活动数据反映出学生总共学习了多少门校本课程、学习何种类型的课程居多，以此体现学生的课余兴趣与学习潜能。

（三）以证据促学习，推动素养提升

作为教师，要学会妙用证据、善用评价，促进学生素养的发展。导

师与学生、家长进行个性化谈心，以过程数据为蓝本，给出科学、专业的指导，在此过程中，导师与学生产生不可取代的情感联结。学期末，每位教师将对学生的个性评语融入"一生一报告"，这无疑是数字化报告中最温暖、最动人的存在。

三、深耕评价改革，育人担当

这次运用数字化手段进行评价改革，在学生、家长与学校层面都找到了更好实施精准评价的路径，有利于促进学生全面发展。

（一）每个"宝小"学生都能成为更好的自己

"数字化成长报告单"使学生个人的学习情况可视化。制作精美的数字报表在小学生眼中是一件新颖和有趣的事。在"绿色地球村"校本课程中，学生可以根据自己的喜好和时间自由安排。学生的学习信心和热情更加高涨。

图4　全面成长

（二）家校协同育人的"宝小"模式已经初步形成

"数字化成长报告单"用真实数据说话，让家长看到、看懂自己的孩子。家长通过报告单能关注到自己平日不知道的孩子的课堂表现和习惯，发现孩子的兴趣特长。报告单也能帮助家长更好地与教师通力协作。

（三）真正的个性化评价正在"宝小"发生

作为管理者，我带领学校管理层认真解读、分析了 2000 多份数字化成长报告单，生成教师教学报告，并组织各类研修活动，引领教师走进数智时代。

世界上没有相同的两片叶子。每一个孩子都是与众不同、独一无二的。以学生为中心，尊重学生个体，发现学生潜能，应该成为教育评价中最核心的要求。改革之路难且长，信必达，行则至。我们将不懈努力。

2023 年 5 月 3 日

像一座灯塔，照亮孩子的未来 ①

——访上海市宝山区实验小学校长苏华萍

"在那长江入海的地方，有一个美丽的宝山。"

一走进上海市宝山区实验小学的校园，我们便能看到两位健康快乐的校园宝贝——友友、乐乐，正张开双臂，欢迎着到来的人们。

在这所充满童趣的小学，有一个敢于创新、乐于实干的好校长。校长苏华萍秉持着"爱实干、懂实验、敢创新、能自信"的 SYXX 育人理念，带领着"宝小"的教师团队，为孩子们构建了一个自由、快乐的成长园地。

苏校长说："我们学校就在吴淞口的灯塔边，这座灯塔见证了上海的百年变迁和发展，也指引着航行者的前行，代表着希望。我们希望'宝小'也能像一座灯塔一样，矗立在滨江河畔，给孩子们带来希望。"

宝小幸福圈，洋溢亲子活动的温馨

苏校长强调的教学理念是：家庭教育对于孩子成长具有不可替代的重要作用；学校教育是人一生中受教育最重要的组成部分；社会教育是家庭教育和学校教育的有利补充。

为了让孩子们更好地健康成长，学校联合周边社区、学校、医院等共建单位，为"宝小"学子搭建起了一个"宝小幸福圈"。在"宝小"120 周年校庆之际，教师用智慧和巧思，策划了一场有趣又有意义的"最美滨江路，宝小幸福圈"亲子活动，活动报名异常火爆，120 组家庭名额在短短几秒间便被一抢而空。

从东林路 500 号校门口，到吴淞零点广场，一路上设置有长滩观

---

① 本文为上海教育报刊总社《康复》杂志 2024 年 4 月期《园丁谈健康》栏目专题访问。

光塔幸福摸高、袁希涛铜牌寻先贤、滨江草坪宝小幸福秀、淞沪抗战纪念馆互动问答、行知中学展望未来和零点广场共绘幸福画六个打卡点。在打卡过程中,孩子们学习"宝小"悠久的校史以及吴淞的历史,触摸了长江水,了解了人与自然的关系。

在这次亲子徒步活动中,除了丰富的打卡活动,更有学校各社团的精彩表演。在学校的管弦乐团中,一曲乐曲的演奏人数有限制。面对学生高涨的表演热情,苏校长大胆决定:"全部都上台!"随即组织学生分成几个队伍,轮流上台表演,让每个孩子都得到表演的机会。管弦乐悠扬的曲声吸引来大量观众驻足围观。"有的孩子平时比较内向,但是当他换上表演服,吹奏起乐器的那一刻,你会发现他在闪闪发光。"苏校长说,"我们来创造机会,不让任何一个孩子的用心落空。"

"宝小桥"家长学校,畅通家校共育的渠道

家长是孩子的第一任老师,家庭是孩子的第一个课堂。但是在实际生活中,家长和孩子偶尔会因为缺乏沟通、沟通不畅而不够了解彼此。为了帮助家长更好地与孩子沟通,宝山区实验小学推出了"宝小桥"家长学校,为家长提供丰富的线上课程,让家长学习如何为孩子创造多元化的成长空间,让孩子在健康快乐的氛围中学习和成长。

为了更好地加强家校共育工作,在家庭教育宣传周期间,宝山区实验小学策划了一场"我想更懂你"家校共育特别节目。通过前期的问卷调查,学校选取了 5 组颇具代表性的家庭进行采访。家长和孩子分别走进"爱的表达室",通过特别设计的"隔屏说说心里话"的方式,换个角度倾听彼此。

苏校长表示:"这次活动不仅拉近了家长和孩子之间的关系,解决了一些隐藏的矛盾,也为我们后续的班主任工作提供了参考,通过问卷调查,我们及时发现了班级中一些可能存在亲子沟通问题的学生,并对他们持续保持特别的关注。"

是的，学校的教育不仅局限于课堂，它还囊括了孩子成长的方方面面。宝山区实验小学在"爱实干、懂实验、敢创新、能自信"的育人理念的指导下，可以更好地为孩子的自由成长保驾护航。

"食育"课程，让孩子学会安排每天的食谱

"零食可以吃吗？零食应该怎么吃？"现在的孩子们在食物选择上非常多元，但这也给家长带来了新的担心：如何保证营养的均衡摄入。宝山区实验小学将"食育"课程与其他学科结合，推出了一节特色跨学科课程"能量加油站"，帮助孩子在改善饮食的同时，学习各类学科知识，并将所学知识运用于实际生活中。

学校每周通过线上校班会课时间，组织学生进行不同板块的"食育"微课学习。各个科目的老师齐上阵，教孩子看配料表，计算每天所需的能量，从而能够自主安排每天的食谱。这些课程既锻炼了孩子的阅读分析能力、信息提取能力、数学计算能力，同时也为孩子补充了生理常识、心理健康知识等，实现了跨界学习，真正做到了在生活中学习。

除了学会如何看食品配料表，安排自己的每日饮食，孩子们还能根据所学知识，选择合适的食材，自己动手做一顿营养均衡的健康零食套餐。劳动和"食育"的结合，让孩子们学会劳动、爱上劳动，将学校百年校训中的"诚、敬、勤、朴"贯穿到了日常点滴中。

坚持"健康第一"，让体育成为"阳光伙伴"

"在我们的教育中，健康是排在第一位的。"眼睛是心灵的窗户，面对现如今学龄期儿童近视率持续攀升的现象，宝山区实验小学把近视防控放在了重中之重。2020年，百年老校宝山区实验小学的新校舍落成，随着师生一同入住新校园的，还有一批高科技的新型教育设备和体育设备。在高科技的加持下，校内专业的卫生老师可以详细了解每位学生的视力情况，对每人、每班的视力变化情况进行跟踪分析，及时

发现近视风险，提醒家长及早干预。

　　宝山区实验小学还有一支十分专业的体育教师团队。在宝山区实验小学就读的五年中，随着年级的一级级攀升，学生可以学习到击剑、羽毛球、跆拳道、跳绳、篮球等多种特色体育项目。苏华萍认为："学生在小学阶段最重要的就是多尝试，接触多项运动后，名为'爱好'的种子就会自然地萌芽。"

　　体育运动不仅能够强身健体，同时也能锻炼学生的心理承受能力。宝山区实验小学的特色体育项目"阳光伙伴"，需要20名以上学生将腿绑在一起，保持步伐一致，共同奔向终点。这一项目不仅对学生的身体协调性要求高，同时还需要学生有坚强的内心，克服奔跑前行的恐惧，勇敢地面对挫折。

　　在这项需要多人合作的体育运动中，学生每一次冲破终点，都能感受到团结和信任的力量。正是这一次次的团队合作，塑造了学生健康和坚强的心灵。苏校长赞叹道："孩子们一起扑向终点，振臂高呼胜利，一齐落在垫子上的那一刻，真的很激动人心！"

让"伯乐"们收获满满的幸福

　　学生和老师的关系就像千里马和伯乐一样，学生的优点需要老师去发现、培养，这一过程能让老师们找到职业意义，拥有幸福感，这也是苏校长工作中的一项重点内容。

　　作为一所有120多年历史的老校，宝山区实验小学有着丰厚的历史底蕴，前辈先贤留下了许多优秀的思想文化。"我认为要使老师们有幸福感，首先要让他们有归属感。"所以宝山区实验小学创办了名为《实干家》的校刊，每年发行一次，内容包含了该校每位教师在一年内的教育经历和教学思想，这使得每位教师都有机会展示自己的特色。在编写校刊的过程中，教师也能深刻感受到作为一所拥有百年历史学校的教师的职责与担当。

　　除了确保"伯乐"们在学校中获得幸福感，学校也将对教师的关心落到了实处。课后服务延时实施以来，为了解决教师下班后的晚餐问题，苏校长联合后勤保障处，为教师提供幸福晚餐，根据时令特征，每天提供两套菜品供教师选择，物美价廉的餐品得到了教师的一致好评。

　　许多教师长时间久坐，缺乏运动，身体处于亚健康状态。学校为教师提供了拉伸运动器材，并请专业教练带领他们练习，帮助教师缓解长期伏案工作带来的身体不适，以充沛的精神面貌迎接每一天的工作和生活。

　　2023年金秋十月，宝山区举行"凝心聚力铸师魂，踔厉奋发谱新篇"教工合唱比赛，宝山区实验小学的教师登上舞台，引吭高歌《在灿烂的阳光下》，荣获金奖。这首歌曲描绘了宝山区实验小学像一座灯塔矗立在滨江河畔，全校教工和孩子们一起，在灿烂的阳光下，健康、快乐、幸福地成长的美景。

（记者　王仪韵　张灵）

相信实干的力量

——校刊《实干家》2022年卷首语

苏华萍

　　寅虎春季，我们宝山区实验小学的老师们，以"风雨过后，所有美好都将如约而至"的坚定信念，同舟共济，守望相助，在兢兢业业引领孩子们上好每一堂线上课的同时，又踏踏实实完成了酝酿已久的校刊编辑任务。到了万象蓬勃、花果飘香的夏季，校刊《实干家》如约而至！

　　宝山区实验小学坚持素质教育办学方向，努力创建"学生快乐、家长放心、社会认可"的区域性示范性实验小学，在努力办好人民满意的学校的进程中，取得了可喜的成绩。直面"双减"背景下的"五育并举、五育融合"教育改革的新形势和新任务，如何弘扬"传承校训、追求卓越、自信办学"的精神？如何加强科学管理、加强团队建设、加强校园文化建设？这是摆在学校领导和全校教师面前的问题。

　　我们创办校刊就是为了给全校教师搭建一个平台——一个抒发自己情怀、磨砺自己智慧、展示自己风采的平台。经过反复琢磨，我们决定把这本校刊命名为"实干家"。这个名词，既指实干的人，又指实干的校，而且又呼应了"实验小学"的"实"字。为什么强调"实干"呢？我们这所创办于1903年，有着近120年悠久历史的老校，有着源远流长的百年校训"诚、敬、勤、朴"。沧海桑田，英才辈出，我们后辈新人得到的"传家之宝"就是百年校训凝聚的人格底色和文化基因。

　　是的，我们赓续宝山小学优秀的人文基因："诚——对教育事业忠诚热爱；敬——对教育科学敬畏遵循；勤——对教育工作勤勉笃行；朴——对教育作风朴实严谨。"在对百年校训的诠释中，我们惊喜地看到，这四个大字，不就是"实干家"应有的情怀和品质嘛？这就更加坚定了将校刊定名为"实干家"。

　　"道虽迩，不行不至；事虽小，不为不成。"这句话鞭策我们赶快行路，办好校刊，做好实事。因为，我们相信"实干"的力量。

2022 年 8 月 8 日

所有美好都会如约而至

——校刊《实干家》2023 年卷首语

苏华萍

"苏轼有句话:'犯其至难而图其至远',意思是说'向最难之处攻坚,追求最远大的目标'。路虽远,行则将至;事虽难,做则必成。只要有愚公移山的志气、滴水穿石的毅力,脚踏实地,埋头苦干,积跬步以至千里,就一定能够把宏伟目标变为美好现实。"

这是习近平主席 2023 年新年贺词中的一段话。元旦佳节,读来倍感亲切与振奋。这简直就是对我们《实干家》的题词啊! 谆谆的教诲,殷殷的嘱托,指引着《实干家》砥砺前行的方向。

图 5　笔者与学生

2022 校刊来之不易,值得珍爱

2022 年 8 月,在经历非常时期的艰难困苦之后,《实干家》(2022版)呱呱坠地。度过秋冬春夏一年四季,今年暑期,我们又忙碌着2023 版校刊的编辑付梓工作。此时此刻,重温习近平主席的新年贺词,让我们真切感悟《实干家》的使命、价值和力量。

回想起来，在 2020 年，学校制定了"'十四五'发展规划"，迈开了推进 SYXX 校园文化建设特色品牌的前进脚步。在开展"水源式智慧学校方式，促进教师专业发展"的实践探究进程中，学校策划创办校刊，为全校教师搭建一个平台——一个抒发自己情怀、磨砺自己智慧、展示自己风采的平台。2022 年新年伊始，我们几次召集碰头会议，商议筹办校刊的具体事宜，为校刊的诞生播下希望的种子。

始料未及的非常时期，给学校的教育教学，以及校刊的编辑出版，带来了重重困难。我们全校教师以"风雨过后，所有美好都会如约而至"的坚定信念，以"同舟共济，守望相助"的实际行动，迎来了阴霾散去、阳光灿烂的日子。创刊号《实干家》，在迎来第 38 个教师节的日子里如约而至。

2023 校刊丰富多彩，值得关注

2023 年暑假伊始，校刊发出征文启事。学校教师纷纷响应，积极投稿。来稿内容之丰富，体裁之多样，质量之提升，让我欣喜不已。当然，这给校刊编辑工作带来的是"甜蜜的烦恼"。

遵循"好中选优，精益求精"的编辑方针，校刊开辟了许多栏目，让有代表意义的、值得关注的好文章入编成册。

《校庆巡礼》《校长论坛》栏目，汇集了庆贺学校 120 华诞期间接受新闻媒体采访和组织主题论坛的文字记录，凝聚了全校教师的情怀和智慧。

《党建引领》《学校管理》《团队建设》《项目化学习》栏目，聚焦学校确立办学理念、探究实践路径、打造特色品牌的纲领和行动。

《课题研究》《课程研究》《教科研论文》栏目，呈现学校开展教科研工作和提升学校专业素养"两翼齐飞"的进程和收获。

《新课标教学》《教学案例》栏目，遵照《义务教育课程方案（2022年版）》和各学科课程标准的导向指引，实现学科课堂教学的减负和增效。

《全员导师手记》栏目，讲述德育工作、班主任工作中所见、所闻、所思、所感的故事和感悟。

《生活散文》栏目，以简洁优美的文笔，表达生活中和阅读中的真切感悟，抒发"生活需要诗和远方"的志向和情趣。

《园丁风采》栏目，更是展示了我校两位优秀骨干教师的先进事迹，这是我们学校的光荣和骄傲，为我们全校树立了榜样和楷模。

是的，上述栏目和文章，都是值得大家关注和学习的。

2024 校刊再接再厉，值得期待

2023 校刊的面世，意味着 2024 校刊的开始。

展望未来，我们要遵循习近平总书记的教诲，把苏轼的名句"犯其至难而图其至远"，作为我们学校每一位教师的座右铭。

学校搭台，大家唱戏。如果说校刊是一个舞台的话，教师都应该成为舞台上的主人，而不是舞台下的观众。希望在两年校刊上发表文章的教师，要不骄不躁、再接再厉；希望文章未入选的教师要鼓足干劲，迎头赶上。

作为学校领导，我应该身先士卒、带头写稿，更应该服务全校教师，让更多教师的好文章闪亮登场，让所有美好如约而至。

因为，闪耀智慧之光的校园最美丽，百花争艳的校园最美丽。

2023 年 8 月 8 日

站得高，才能看得远

——校刊《实干家》2024 年卷首语

苏华萍

2024 年，高达 180 米的长滩观光塔在宝山滨江正式亮灯，成为宝山新地标，气势非凡。有意思的是，我们学校与誉为"定海神针"的它毗邻，成为同框风景。这幅宝山滨江的风景画，告诉我们："只有站得高，才能看得远。"

回望 2023 学年：成长而笃行

回顾 2023 学年，我们组织全校教师做了三件事。

一、推送学校微信公众号十佳校园新闻，就是"站得高"

2023 年末，学校汇总了全年推送的微信公众号短文，要求大家推选出"荣登你心中十项年度最佳校园新闻"。其目的是让我们重温一年来一起度过的幸福和快乐的时光，更让大家明白，怎样的校园活动是教师注重和喜爱的。"数智时代，为你而来""健心向阳，我运动，我快乐""春风化雨育桃李，躬耕教坛沁芳华""梦起宝小，强国有我""友心班主任，扬帆再起航"，这几条新闻是大家投票最多的前几名，表达了大家对学校的喜爱和支持。而"最美滨江路，宝小幸福圈"这一条荣登榜首，无疑证明建立起"宝小幸福圈"是全校师生共同的心愿和荣耀。

二、"高品质学校的高质量发展之我见"主题笔会，就是"站得高"

2023 年，我们学校庆祝 120 周年校庆，不仅是"回忆"，是"总结"，更是"展望"，目的是赓续源远流长的百年校训，弘扬追求卓越的教育情怀。我们不止步于以往取得的进步和成绩，提出了"高品质学校的高质量发展"的新目标、新航程，并组织全校教师用"主题笔会"的形式发表"我见"。全校全体教师，写下了 140 余篇笔谈短文，就征文通知强调的四个角度——办学方向更加明确学校站位、办学理念更加遵循教育规律、办学路径更加体现文化浸润、育人目标更加突出全面发展，写出了自己的真知灼见，表达了全校教师和衷共济、追求卓越的责任担当。

三、学贯新课标，聚焦"跨学科教学"主题笔会，就是"站得高"

2023 学年，学校深入开展学贯新课标，以学科教科研加速学校课程改革发展的步伐，我们组织了聚焦"跨学科教学"的主题笔会。《义务教育课程方案（2022 年版）》明确指出："进一步深化课程改革。强化课程综合性和实践性，推动育人方式变革，着力发展学生核心素养。凸显学生主体地位，关注学生个性化、多样化的学习和发展需求，增强课程适宜性。坚持与时俱进，反映经济社会发展新变化、科学技术进步新成果，更新课程内容，体现课程时代性。"这就是"跨学科教学"主题笔会的根本遵循。全校老师再次行动，有的写跨学科教学新导向的目的和意义，有的写跨学科教学实际探究的体验和认识，有的写跨学科教学的计划和任务。文章短小精悍，言之有物，体现出"宝小"教师求真务实、与时俱进的教育思考。

展望 2024 学年：任重而道远

展望 2024 学年，我们要组织全校教师落实两个重要文件。

一、弘扬教育家精神，建设高素质专业化教师队伍，就是"看得远"

2024 年 8 月 26 日，《中共中央　国务院关于弘扬教育家精神　加强新时代高素质专业化教师队伍建设的意见》（以下简称《意见》）发布，发出了强化教育家精神引领，打造一支高素质专业化教师队伍的号召。

《意见》明确指出，我们的教育事业必须"坚持党对教育事业的全面领导，贯彻新时代党的教育方针，落实立德树人根本任务，把加强教师队伍建设作为建设教育强国最重要的基础工作来抓，强化教育家精神引领，提升教师教书育人能力，健全师德师风建设长效机制，深化教师队伍改革创新，加快补齐教师队伍建设突出短板，强化高素质教师培养供给，优化教师资源配置，打造一支师德高尚、业务精湛、结构合理、充满活力的高素质专业化教师队伍，为加快教育现代化、建设教育强国、办好人民满意的教育提供坚强支撑"。

二、做好"五个下功夫"，培养全面发展的社会主义建设者和接班人，就是"看得远"

2024 年 9 月 1 日出版的《求是》杂志，发表了习近平总书记的重要文章《培养德智体美劳全面发展的社会主义建设者和接班人》。

文章着重提出，我们要培养的社会主义建设者和接班人应该具备什么样的基本素质和精神状态，应该如何培养，关键是要做好以下几方面工作：一是要在坚定理想信念上下功夫；二是要在厚植爱国主义情怀上下功夫；三是要在加强品德修养上下功夫；四是要在增长知识见识上下功夫；五是要在培养奋斗精神上下功夫；六是要在增强综合素质上下功夫。

三、遵循"三个坚持"，落实学校工作更上一层楼，就是"看得远"

以上两个重要文件是我们 2024 学年每一个教育工作者的根本遵循。

我初步的设想是，从新学年开始，我们学校必须遵循"三个坚持"：一是坚持教育家精神培育涵养，将其融入教师培养之中，通过日常浸润、项目赋能、平台支撑，形成教师发展的良好生态；二是坚持教育家精神弘扬践行，贯穿教师课堂教学、科学研究、社会实践等各环节，筑牢教育家精神践行主阵地；三是坚持教育家精神引领激励，建立、完善教师评价标准体系，将教育家精神纳入教师管理评价全过程，引导广大教师将教育家精神转化为思想自觉、行动自觉。

路曼曼其修远兮，吾将上下而求索。面临着教育改革发展的新形势、新使命，我们全校师生必须以"爱实干、懂实验、敢创新、能自信"的"实干家"行动，以"站得高，才能看得远"的信念，努力践行教育家精神，让我们宝山区实验小学与长滩观光塔一起，成为宝山滨江美丽的风景线。

2024 年 9 月 5 日

图书在版编目（CIP）数据

未来学校建设的传承与创新 / 苏华萍著. — 上海：
上海教育出版社，2025.4. — ISBN 978-7-5720-3506-7

Ⅰ. G627

中国国家版本馆CIP数据核字第2025V81S97号

责任编辑　李良子　曹书婧

封面设计　周　亚

未来学校建设的传承与创新
苏华萍　著

出版发行　上海教育出版社有限公司
官　　网　www.seph.com.cn
地　　址　上海市闵行区号景路159弄C座
邮　　编　201101
印　　刷　上海华顿书刊印刷有限公司
开　　本　700×1000　1/16　印张 15.25
字　　数　198 千字
版　　次　2025年4月第1版
印　　次　2025年4月第1次印刷
书　　号　ISBN 978-7-5720-3506-7/G·3133
定　　价　80.00 元

如发现质量问题，读者可向本社调换　电话：021-64373213